GESUND GENIESSEN MIT AYURVEDA

Die alte indische Ernährungslehre
in der europäischen Vollwertküche

Haftung: Alle Angaben in diesem Buch basieren auf sorgfältiger Auswertung der Recherchen und Erfahrungen der Autorinnen. Weder die Verfasserinnen noch der Verlag können für Angaben über Dosis und Wirkung Gewähr übernehmen. Es bleibt in der alleinigen Verantwortung der Leserinnen und Leser, diese Angaben einer eigenen Prüfung zu unterziehen. Auf die geltenden gesetzlichen Bestimmungen wird ausdrücklich hingewiesen.

3. Auflage

Umschlagfoto: Gusto, Theresa Schrems

Originalausgabe 2001, Wilhelm Heyne Verlag, München

E-Mail: verlag@bacopa.at
www.bacopa.at

Printed in the European Union

ISBN: 978-3-901618-70-3

Marlene Warelopoulos

Birgit Heyn

Anda Dinhopl

GESUND GENIESSEN MIT AYURVEDA

Die alte indische Ernährungslehre
in der europäischen Vollwertküche

BACOPA VERLAG

INHALT

EINIGE WORTE VORWEG

Liebe Leserin, lieber Leser!

Wenn Sie Freude an gesundem Essen haben und bereit sind, der täglichen Zubereitung ein wenig mehr Aufmerksamkeit zu schenken, ist dieses Kochbuch genau das richtige für Sie. «Gesundes Essen» bedeutet nicht den Verzicht auf Wohlgeschmack. Ganz im Gegenteil: In den vergangenen Jahren habe ich für die Gäste der Kräuterdrogerie täglich Mahlzeiten zubereitet, die einerseits Gaumen und Sinne erfreuen und andererseits dem Organismus alle Nährstoffe bieten, die man braucht, um in einer Welt existieren zu können, deren Anforderungen sich in den letzten Jahrzehnten extrem verändert haben. Dabei habe ich mir das tausende Jahre alte Wissen des Ayurveda, der Wissenschaft vom glücklichen Leben, zu Nutze gemacht. Ayurveda zeigt uns den Weg, wie wir gereifte Erfahrungen und uralte Erkenntnisse in vielen Bereichen des Lebens für uns verwerten können. Mein Ziel liegt darin, das ayurvedische Wissen auch praktisch in einer Vollwertküche anzuwenden, die unseren heutigen Lebens- und Ernährungsgewohnheiten entspricht.

Viele von uns leben in Umgebungen und nach Rhythmen, die kaum mehr etwas von den natürlichen Umständen spüren lassen, die uns im Lauf der Menschheitsgeschichte ganz langsam und allmählich zu den Individuen gemacht haben, die wir heute sind. So manche nehmen kaum mehr wahr, dass die Gesetze der Natur immer noch Einfluss auf sie haben – sowohl innerhalb wie auch außerhalb des Körpers. Im Allgemeinen befriedigen wir lediglich das Bedürfnis eines leeren Magens und ein durch die Werbung der Industrie gelenktes Begehren.

Die Industrie ist allerdings keineswegs an den Bedürfnissen des Einzelnen interessiert, sondern lediglich am Gewinn: Und der wird durch die Verführung einer großen Käuferschar zu immer neuen, unnötigen (bis schädlichen) Produkten erzielt. Dazu genügt ein Blick in die Regale eines Supermarkts: Süßes – meterweise. Ebenso Konserven, fertige Nahrungsmittel, steril und geruchsfrei abgepackt, aber verlockend beworben.

Gehen wir hingegen auf einen Markt, werden wir von einer Fülle natürlicher Farben und Düfte überwältigt, und sofort reagieren unser Gehirn, unser Magen und – unsere Sinne! Aber wer hat schon Gelegenheit, täglich über einen Markt zu schlendern? Wer nimmt sich Muße für scheinbar mühsames, zeitraubendes Gemüseputzen und aufwendiges Kochen? Es ist verständlich, dass in dieser schnelllebigen Zeit mit ihren vielfältigen Ansprüchen immer mehr Menschen zum Fertiggericht und zum Fastfood greifen.

Dass es aber trotzdem möglich sein kann, mit mehr Wissen um die Rolle der Ernährung für ein gesundes Leben und durch bessere Organisation gehalt- und freudvolles Essen zuzubereiten, dazu soll Ihnen dieses Kochbuch Anregung bieten. Es schreibt Ihnen nichts vor. Keine Kalorientabellen, keine Nährstoffanalysen, an die Sie sich zu halten haben. Ein im ayurvedischen Sinne ausgewogen zubereitetes Mahl entsteht durch eine sorgsame Auswahl an Lebensmitteln, Gewürzen und der richtigen Art der Zubereitung.

Ihre Marlene Warelopoulos

ERSTE SCHRITTE IN EIN GESUNDES LEBEN

Entdecken Sie mit mir gemeinsam den neuen Geschmack und das schöpferische Abenteuer der Zubereitung einer bekömmlichen Mahlzeit.Es dauert vielleicht etwas länger, als ein Fertiggericht in die Mikrowelle oder den Ofen zu stellen, aber es kostet sicher nicht mehr Zeit und Mühe als «herkömmliches» Kochen.

Was wir benötigen:

- Lust auf Veränderung
- Experimentierfreude
- Ein paar neue Lebensmittel und Gewürze
- Einen Wochenspeiseplan (für die besser Übersicht darüber, was wir essen, und für gezieltes Einkaufen)

Was wir dafür erhalten:

- Einen widerstandsfähigeren Körper
- Mehr Energie
- Erspartes Geld (weil wir nichts Unnötiges einkaufen und uns Arztrechnungen und Medikamente ersparen)
- Vergnügte und zufriedene Esser

Ein paar einfache Regeln (zum Nachdenken):

- Sie haben nur einen Körper in diesem Leben, deshalb sollten Sie ihn sorgsam behandeln.
- Was erst gar nicht ins Essen hineinkommt, kann man auch nicht «herausschmecken»:

- Qualität ist spürbar!
- Gut ist nicht gleich teuer und kompliziert, sondern überlegt und sorgfältig ausgewählt.
- Betrachten Sie «Essen» als etwas Besonderes, an dem alle Sinne beteiligt sind.
- Gut kauen, denn bereits im Mund beginnt die Verdauung!
- Verbote und schlechtes Gewissen schaden nur.
- Achten Sie auf Ihre Bedürfnisse.

Was gut ist für den Körper:

- Lebensmittel aus biologischem Anbau enthalten weniger Schadstoffe und schmecken wesentlich besser als herkömmlich angebaute, mit Kunstdünger, Insektiziden, Pestiziden etc. behandelte Nahrungsmittel. Sie werden auch besser verdaut.
- Essen Sie täglich auch einige frische Nahrungsmittel: Salate, Rohkost, Obst. Wie viel davon Ihrer Verdauung und Ihrem Organismus verträglich ist, hängt von Ihrem persönlichen Dosha ab (dazu mehr im Kapitel über Ayurveda).
- Gemüse (hält Ihren Säure-Basenhaushalt aufrecht) und Getreide (es enthält lebenswichtige Mineralstoffe, Vitamine und Ballaststoffe) sollen im Mittelpunkt Ihrer Nahrungsmittelpalette stehen.
- Eiweiß: Vor allem VegetarierInnen vergessen manchmal auf ausreichende Versorgung mit lebenswichtigem Eiweiß, was sich als Müdigkeit bemerkbar machen kann. Nehmen Sie also regelmäßig Hülsenfrüchte, Tofu, Tempeh und bei guter Verträglichkeit auch Milchprodukte und Eier (in Maßen) zu sich.
- Fett ist wichtig, aber essen Sie das richtige:
- Kalt gepresste Öle (sie enthalten essentielle Fettsäuren) und
- andere natürliche Fette wie Ghee, Butter, Nüsse (Nussmus), Samen oder Kerne sind am gesündesten.
- Gewürze und Kräuter, frisch oder getrocknet, spielen eine

zentrale Rolle für die Bekömmlichkeit aller Speisen und bieten die Möglichkeit, die Wirkung der Lebensmittel Ihren Doshas gemäß zu variieren. Sie sind sozusagen Heilpflanzen im Miniformat.

- Salz ist wichtig, es sollte aber nicht zu viel davon verwendet werden. Benutzen Sie auch Kräutersalz, Gomasio, Tamari und Algen.
- Zucker sollte wie ein Gewürz verwendet werden. Verbannen Sie weißen Zucker komplett aus der Küche und ersetzen ihn durch Zuckerrohrgranulat, Honig, Dicksäfte, Malz, Trockenfrüchte (Rosinen etc.).
- Abwechslung regt die Sinne an und bietet dem Körper ein reiches Angebot der Stoffe, die er benötigt.

Die Befolgung dieser Regeln ist ein guter Grundstein für unsere Gesundheit und für sinnvolles Essen.

Wichtig: Die richtigen Nährstoffe

Für eine ausgewogene, gesunde Ernährung und den Erhalt der Leistungsfähigkeit benötigt der menschliche Körper Nährstoffe. Dazu zählen Kohlenhydrate, Fette und Proteine. Darüber hinaus ist er auf die Zufuhr von Vitaminen, Mineralstoffen und Spurenelementen angewiesen.

Kohlenhydrate

Sie dienen unserem Körper als Energiequelle für Körperwärme und Muskeltätigkeit und sollen den Hauptanteil unserer Kalorienzufuhr ausmachen. Man unterscheidet zwei Arten: einfache, leicht lösliche Kohlenhydrate (Zucker) und komplexe, schwer lösliche Kohlenhydrate (Stärke). Stärkehaltige Nahrungsmittel sind besonders wertvoll: Nehmen Sie Kohlenhydrate in Form von vollwertigem Getreide, Obst und Gemüse zu sich, werden Sie mit hohem Sättigungsgrad und der ausreichenden Aufnahme von Mineralstoffen, Vitaminen und Ballaststoffen belohnt.

Ballaststoffe

Auch Ballaststoffe (Faserstoffe) sind Kohlenhydrate. Während der Körper Zucker und Stärke leicht abbauen und im Stoffwechsel verwerten kann, sind Faserbestandteile wie die Zellulose zunächst unverdaulich. Um dem Körper als Nährstoffe zur Verfügung zu stehen, müssen sie von Darmbakterien aufgeschlossen werden.

Fette

Die durchschnittliche Fettmenge, die wir täglich zu uns nehmen, sollte 1 g pro kg Körpergewicht nicht überschreiten. Das bedeutet also etwa 50 bis 80 g Fett pro Tag. Auskommen kann unser Organismus jedoch mit einer Menge von 30–40 g Fett. Entscheidend ist, um welche Fette es sich handelt.

Fett besteht aus Molekülen, den sogenannten Fettsäuren. Man unterscheidet drei Haupttypen: gesättigte, einfach ungesättigte und mehrfach ungesättigte Fette. Fleischprodukte enthalten im Allgemeinen zu viele gesättigte Fette; ein Zuviel kann zu Übergewicht und zum Ansteigen des LDL-Cholesterins führen. LDL-Cholesterin begünstigt das Risiko der Arterienverkalkung.

Gesünder ist die Verwendung von einfach und mehrfach ungesättigten Fetten, die kalt gepresste Öle und Nüsse liefern. Ganz ohne Fett kommt unser Körper nicht aus: Fett hat einen hohen Sättigungsgrad, ist notwendig, um unseren Darm zu «schmieren» und garantiert die Aufnahme der fettlöslichen Vitamine A, D, E und K.

Proteine

Proteine dienen dem menschlichen Körper in erster Linie als Baustoff für Zellen, Muskeln und Organe. Lebenswichtig ist nicht das

Protein selbst, sondern seine Bausteine, die sogenannten Aminosäuren. Die Menge und Art der Aminosäuren, aus der sich ein Eiweiß zusammensetzt, ist von Protein zu Protein unterschiedlich.

Eiweißmoleküle bestehen aus etwa 25 Aminosäuren, von denen unser Körper 15 selbst herstellen kann. Die übrigen Aminosäuren nennt man auch «essentiell», das heißt, wir müssen sie mit der Nahrung zuführen. Nur wenn diese essentiellen Aminosäuren in einer Mahlzeit vorhanden sind, können wir sie als vollwertig bezeichnen. Getreide enthält einen relativ geringen Prozentsatz an Eiweiß. Deshalb ist es wichtig, auf die richtige Kombination von Nahrungsmitteln zu achten.

Deshalb wird in der indischen Küche Reis mit Hülsenfrüchten serviert. Und in der europäischen Küche essen wir beispielsweise Kartoffeln mit Topfen, überbacken Getreideaufläufe mit Käse und vermischen Milch mit Mehl für unsere Palatschinken. Besonders wichtig ist es, Mais bzw. Polenta (die als einziges Getreide nur 7 essentielle Aminosäuren enthält!) mit Eiweiß zu kombinieren.

Der Grundstock für die gesunde Küche

Die Welt ist zusammengerückt. Auch in der Küche geht es mittlerweile international zu. Allerdings sollte Produkten, die im gut sortierten Naturkostbereich erhältlich sind, der Vorzug gegeben werden. Folgende Lebensmittel sollte man auf Vorrat im Haus haben:

▸ **Ghee.** Ghee ist der Sanskrit-Ausdruck für geklärte Butter (Butterschmalz). Sie werden so gut wie in jeder ayurvedischen Literatur darauf stoßen.

Es gibt kaum ein besseres Mittel, um Gewürze und Speisen anzubraten. Durch das «Klären» der Butter werden Eiweiß und Wasser eliminiert: Übrig bleibt das reine Fett, das köstlich schmeckt und das man gut erhitzen kann (bis 180 °C). Ghee hält mehrere Wochen. Laut Ayurveda kann der Körper Ghee besser verarbeiten, und es belastet die Leber weniger als andere Fette. Ghee «reinigt die Kanäle», bringt Energie zum Fließen, unterstützt die Aufnahme von Nährstoffen und die Ausscheidung von Giften.

Ghee wird – speziell im kühleren Nordindien – nicht nur bei der Zubereitung von Speisen universell eingesetzt, sondern auch als Heilmittel. Es wird für Pasten und Salben mit Heilkräutern vermischt, pur für die innere Reinigung verwendet (zum Beispiel während der Pancha Karma Kur) oder in Milch zu sich genommen, um Kapha zu stärken und Vata zu dämpfen.

Wie jedes andere Fett sollte auch Ghee in vernünftigem Maß verwendet werden. Wie man es zubereitet, können Sie im Rezeptteil lesen.

▸ **Vegetarische Gemüsebrühe ohne Geschmacksverstärker.** Praktisch als Instant-Pulver, weil es sich gut auflöst, oder als Paste bzw. Würfel, lässt sich Gemüsebrühe zur Geschmacksverfeinerung hervorragend einsetzen.

▸ **Miso.** Hierbei handelt es sich um ein japanisches Produkt aus Sojabohnen und Meersalz. Wird Getreide zugesetzt (vorwiegend Reis und Gerste), so mildert dies den intensiven Geschmack. Qualitativ hochwertiges Miso entsteht durch einen langen Fermentationsprozess, durch den das Eiweiß der Sojabohnen und des Getreides in 18 Aminosäuren (darunter alle essentiellen Aminosäuren) aufgespaltet wird, was die Gesamtmenge des verwertbaren Eiweißes in einer Speise beträchtlich erhöht – ein vor allem für VegetarierInnen nicht zu unterschätzender Vorteil. Durch die Gärung entstehen Enzyme und Mikroorganismen, die die Verdauung unterstützen und eine gesunde Darmflora aufbauen helfen. Miso kann bei vielen Gerichten die Gemüsebrühe ersetzen: Es darf zwar kurz köcheln, sollte aber nicht kochen, weil dabei wertvolle Wirkstoffe zerstört werden.

▸ **Tamari.** Die naturbelassene Sojasauce aus Sojabohnen und Meersalz fiel ursprünglich als Nebenprodukt bei der Herstellung von Miso an. Mittlerweile ist die Nachfrage so groß, dass es auch eigens produziert wird. Der aromatische Geschmack des Tamari geht auf die enthaltenen Aminosäuren zurück (siehe Miso). Tamari eignet sich durch sein kräftiges Aroma besonders gut zum Würzen von Hülsenfrüchten.

▸ **Shoyu.** Diese Sojasauce enthält zusätzlich zu Sojabohnen und Meersalz auch Weizen. Durch die Gärung des Weizens entstehen Zucker und Alkohol, was zu einem sehr ausdrucksvollen Aroma mit milder Süße führt. Shoyu unterstützt den Eigengeschmack der Speisen, die damit zubereitet und mariniert werden. Es sollte erst in den letzten Minuten des Kochvorganges zugesetzt werden.

▸ **Reismehl.** Ideales Bindemittel für Suppen und Saucen. Es ist leicht selbst herzustellen, indem man Vollreis in der Getreidemühle fein mahlt. Reismehl hat den Vorteil der Vollwertigkeit und unterstützt den Geschmack der Speisen mit seiner zarten Sämigkeit. Wenn Sie mit Reismehl binden, sollten Sie nicht mit Honig süßen (dadurch verändert sich die Stärke und alles verdünnt sich wieder).

▸ **Kräutersalz.** Es enthält neben Koch- oder Meersalz gemahlene Kräuter wir Sellerie, Petersilie, Liebstöckel und gibt den Speisen ein besonderes Aroma.

▸ **Apfelessig & Balsamico.** Diese beiden Essigsorten sind in der Küche unentbehrlich. Der säuerliche und frische Apfelessig hellt den Geschmack vieler Speisen auf und macht sie leichter verdaulich (er unterstützt unser «Verdauungsfeuer»). Oft ist er das Tüpfelchen auf dem «i», wenn einer Cremesuppe oder einem Gericht aus Hülsenfrüchten noch das gewisse Etwas fehlt. In Verbindung mit Öl, einem bisschen Honig und verschiedensten Kräutern und Gewürzen ist er die Basis köstlicher Salatmarinaden. Der dunkle, mildere Balsamico eignet sich besonders als Verfeinerung zarter Gemüse (z.B. Zucchini, Kürbis, Eichblattsalat) und von Frischkäse.

▸ **Süßmittel.** Wenn Sie erst einmal auf den Geschmack alternativer Süßmittel gekommen sind, werden Sie weißen Zucker ganz sicher nicht mehr vermissen. Es stehen Ihnen Zuckerrohrgranulat, Honig, Ahornsirup, Gerste- oder Reismalz, Apfel- oder Birnendicksaft oder Agavensirup zur Verfügung. Natürlich brauchen Sie nicht alle sofort; doch nach und nach finden Sie sicher Ihre Favoriten.

▸ **Kalt gepresste Öle aus biologischem Anbau.** Grundsätzlich vorrätig sollten Sonnenblumen-, Sesam- und Olivenöl sein. Sonnenblumenöl enthält mehrfach ungesättigte Fettsäuren, die unser Körper für verschiedene Stoffwechselvorgänge (u. a. um Cholesterin abzubauen), zum Aufbau von Zellmembranen, Hormonen und Darmbakterien benötigt. Olivenöl enthält vor allem einfach ungesättigte Fettsäuren und unterstützt positiv die Herztätigkeit. Olivenöle gibt es in großer Zahl und in herrlichen, unterschiedlichen Geschmacksvarianten. Sesamöl schmeckt leicht nussig, ist wärmend und relativ schwer und deshalb besonders gut für Vata. Weitere Lebensmittel, die lange halten und auf die man zurückgreifen kann, wenn man einmal keine Zeit zum Einkaufen hat, sind:

▸ **Hülsenfrüchte:** rote und braune Linsen, Dupuy Linsen, weiße, schwarze, rote Bohnen und Mungo-Bohnen.

- **Getreide:**
  - Hirse (rasch zubereitet)
  - Reis (rasch zubereitet)
  - Quinoa, ein südamerikanisches Getreide mit viel Eiweiß und Mineralstoffen (sehr rasch zubereitet)
  - Buchweizen (rasch zubereitet)
  - Dinkel, Sechskorn, Weizen, Roggen, Gerste, Kamut

Die Lagerung ungemahlener Getreide ist vor allem dann sinnvoll, wenn Sie eine Getreidemühle besitzen.

- **Getreideprodukte** (sehr rasch zubereitet):
  - Polenta (Maisgrieß)
  - Dinkel-, Weizen-, Kamut- oder Hirsegrieß
  - Hafer-, Buchweizen, Weizen-, Gerste-Flocken
  - Bulgur aus Dinkel, Gerste oder Weizen
  - Kochdinkel (früher: Dinkelreis)
  - Nudeln

► **«Milchreserve» und -ersatz:** Der *Reisdrink* ist durch das Reismalz, das bei der Herstellung entsteht, leicht süß. Einfach köstlich für süße Getreideaufläufe, Desserts und als Zusatz für Gewürz- und Pfefferminztees. Bekömmlich und leicht verdaulich.
Der *Sojadrink* hat einen neutralen Geschmack, in der Konsistenz ist er der Milch ähnlich; es gibt Sojadrinks in diversen Geschmacksrichtungen (Vanille, Schoko-Banane, Erdbeer etc.)
Der *Haferdrink* ist relativ dickflüssig, kann aber verdünnt werden. Der sämige und nussige Hafergeschmack. Sehr gut für Breie und süße, cremige Saucen.

► **Süßes:** Ideal sind Sojadesserts. Mit Hilfe von Schlagobers (Sahne) und ätherischen Ölen oder Gewürzen lassen sich aus Soja-Desserts blitzschnell interessante Nachspeisen «kreieren». Eingelegte Früchte und Kompotte, Apfelmus aus biologischem

Anbau sowie Trockenfrüchte sind zum Naschen, aber auch zum Kochen geeignet.

▸ **Nüsse, Kerne, Samen:** Kürbiskerne, Sonnenblumenkerne, Walnüsse, Mandeln, Pistazien, Cashewkerne, Sesam & Co. sind nicht nur als schmackhafte Ingredienzien für die Küche geeignet, sie enthalten zudem hochwertiges (weil völlig unbehandeltes) Fett, Einweiß und viele Mineralien, Vitamine und Spurenelemente.

▸ **Pikantes:** In Olivenöl eingelegte Oliven, Kapern und getrocknete Tomaten: machen aus jedem Stück Schafkäse eine wahre Delikatesse. Daneben sollten ein guter Senf, Tomatenprodukte wie Mark, Sauce, Pulpe, geschnittene Tomaten und immer ein Stück Parmesan vorrätig sein.

Damit Sie Spaß am Kochen haben, sollten Sie nicht nur die richtigen Zutaten im Haus haben. Auch vernünftige Werkzeuge und Geräte sind für ein gutes Gelingen wichtig.
Dazu gehören:

- scharfe Messer
- eine Muskatreibe – auch für getrocknete Ingwerwurzel und Tonkabohne
- eine Gemüsebürste
- eine Pfeffermühle
- Suribachi & Surikogi – eine Reibschale (innen aus unglasiertem Ton) und ein Stössel aus Holz
- ein Sparschäler
- ein Standmixer zum Pürieren, Schneiden und Raspeln
- ein Pürierstab

DIE AYURVEDISCHE LEHRE

Der Begriff Ayurveda stammt aus dem Sanskrit, der altindischen Sprache der Gelehrten, die heute noch verwendet wird (ähnlich wie bei uns das Lateinische). Es setzt sich aus zwei Wörtern zusammen:

Ayu – das Leben in seiner Gesamtheit von Körper, Seele und Geist
und
Veda – Wissen, Weisheit und Lernen

Meist wird Ayurveda als «Das Wissen von einem gesunden, glücklichen und erfüllten Leben» übersetzt, was erkennen lässt, dass es sich dabei nicht nur um eine Heilkunde handelt, die auf Symptome reagiert, sondern um ein komplexes Gefüge, das auf alle Bereiche des Lebens Einfluss nimmt, auf medizinische Therapien ebenso wie auf Ernährung, soziales Verhalten, Hygiene, Meditation ...

Damit Sie sich wirklich wohl fühlen, reicht es nicht allein, sich vollwertig zu ernähren. Es ist sinnvoll, die gesunde Vollwerternährung mit dem ayurvedischen Prinzip in Einklang zu bringen. Bevor Sie sich also den Rezepten zuwenden, sollten Sie vorerst die Grundlagen des Ayurveda kennen:

Sich gesund ernähren im Sinne des Ayurveda heißt, auf alle Bedürfnisse im Körper, in der Seele und im Geist eines Menschen durch die richtige Auswahl und Zubereitung von Lebensmitteln einzugehen. Nur so bleibt der Mensch in Harmonie. Die Nahrung sollte der Lehre entsprechend generell ausgewogen und «vollwertig» sein sowie alle Bausteine des Lebens enthalten. Sie können aber darauf verzichten, Kalorien, Vitamine, Mineralstoffe und Spurenelemente zu zählen und abzuwägen, denn Sie lernen durch die Verwendung Ihrer Sinne und Ihrer Intuition auf Stärken und Schwächen des Organismus schnell und gefühlvoll zu reagieren.

Ayurvedische Ernährung ist individuell verträglich und passt sich den unterschiedlichen Menschen, den Möglichkeiten ihrer Verdauung, ihrer körperlichen und seelischen Verfassung an.

Die Ernährungsregeln des Ayurveda schreiben nichts grundsätzlich «Gesundes» vor, sondern beziehen sich immer auf die Konstitution des Individuums, wie folgendes Zitat belegt:

«Wenn sich jemand seiner Konstitution und den äußeren Gegebenheiten gemäß ernährt, wird er in Harmonie bleiben. Wenn sich aber jemand ohne Rücksicht auf seine Konstitution und ohne Anpassung an beeinflussende Faktoren ernährt, dann hilft auch eine Arznei nicht, diesen Menschen auf Dauer wieder ins Gleichgewicht zu bringen.»

Die Grundkonstitution des Menschen (Prakrti) wird ständig von äußeren und inneren Faktoren beeinflusst und wird so zu Vrikrti (Abweichung vom harmonischen Zustand).

Äußere Faktoren können sein:
- das Klima eines Landes und die Wettersituation
- Jahreszeit und Tageszeit
- Menschen (Familie, Freunde, Arbeitskollegen) und ihr Umgang miteinander
- Beschaffenheit von Wohnung, Haus und Arbeitsplatz
- Art der Körperpflege und die Qualität der kosmetischen Produkte
- Art des Sportes oder der Bewegungsübungen (Yoga-Asanas)
- Auswahl und Zubereitung der Nahrungsmittel

Wie soll nun aus ayurvedischer Sicht eine Speise beschaffen sein, die uns gesund erhält?

1. Sie soll uns schmecken.
2. Sie soll all unsere Sinne ansprechen: duften, appetitlich aussehen, gut verdaulich und abwechslungsreich gewürzt sein und alle sechs (!) Geschmacksrichtungen beinhalten.
3. Die Bestandteile der Mahlzeit sollen von optimaler Qualität sein (biologischer Anbau, frisch, geschmackvoll etc.).
4. Sie soll unsere Konstitution unterstützen und Disharmonien ausgleichen.
5. Sie soll schon bei der Zubereitung Freude machen.

Ayurveda ist – ebenso wie das Kochen – eine äußerst sinnliche Wissenschaft. Wir – die Autorinnen – können Ihnen keine Patentrezepte liefern. Was wir können, ist, Ihnen ein paar Werkzeuge in die Hand zu geben, um mit dem alten Wissen des Ayurveda Ihre eigenen Erfahrungen und Beobachtungen zu machen. Wenn Sie mit diesem Kochbuch effizient arbeiten wollen, genügt es nicht, unsere Rezepte einfach nachzukochen (was allerdings schon zu sehr guten kulinarischen Ergebnissen führt), sondern Sie sollen *riechen, schmecken, tasten, schauen, hören.*

Die drei Samhitas

Die konkrete medizinische Grundlage des Ayurveda bilden drei Samhitas (Zusammenfassungen), mit denen sich noch heute jeder Student des Ayurveda beschäftigen muss.

Caraka-Samhita

Dieses Werk wird einem Arzt, der etwa 700 v. Chr., in einer Zeit kultureller Hochblüte, an der Universität in Taxila (Panjab) unterrichtete, zugeordnet. Der Name bedeutet «Wanderer», was sowohl die Person meinen, aber auch nur auf den damals üblichen Beruf des wandernden Arztes hinweisen kann. Die Schriften stammen aus einem Zeitraum, der mindestens um 1500 v. Chr. beginnt und beruhen auf den Erfahrungen und Beobachtungen vieler Heiler und Heilerinnen. Sie wurden später von Caraka überarbeitet und überliefert. Ihr Schwerpunkt liegt auf der Inneren Medizin, sie beschreiben sehr detailliert die Beschaffenheit des menschlichen Körpers, Einflüsse, die den Menschen krank machen, Methoden der Untersuchungen und Diagnosen. Sie beinhalten eine grundlegende Ernährungslehre und die genaue Beschreibung vieler Heilpflanzen und ihrer Wirkweise.

Sushruta Samhita

Das Werk ist nach Sushruta benannt, der heute als «Vater der Chirurgie» gilt. In diesen Schriften findet man detaillierte Beschreibungen chirurgischer Instrumente, äußerst differenzierte und noch heute aktuelle Vorstellungen möglicher operativer Eingriffe, auch die der plastischen Chirurgie. Anatomie, die bereits erstaunliche Kenntnisse über Blutgefäße, Herz, Kreislauf und Nerven beinhaltet, ist ebenso beschrieben wie Ätiologie (Krankheitsursachen). Ausführliche Kapitel beschäftigen sich mit den Marmas, den Energiepunkten oder «vitalen» Stellen des Körpers und mit der Therapie von Krankheiten, für die 700 Heilpflanzen, 57 tierische und 64 mineralische Medikamente herangezogen werden konnten.

Dass an der Erstellung dieses umfangreichen Werkes ebenso wie bei der Caraka-Samhita die Weisheit vieler eingeflossen ist, zeigt ihr Umfang, der die Beschreibungen von Krankheiten und ihren Behandlungsmöglichkeiten aus einem Gebiet umfasst, das von der Tiefe der Gangesmündung bis zur Höhe des Himalaya reicht, dessen klimatische Bedingungen extreme Kälte ebenso erleben lassen wie brütende Hitze, das Dürre genau so kennt wie eine Niederschlagsmenge von 3000 Millimetern im Jahr.

Asthanga Sangraha und Asthanga Hridaya

Diese dritte Säule des klassischen Ayurveda entstand zwischen 200 und 500 unserer Zeitrechnung (je nach Quelle). Sie ist eine Modernisierung der Schriften Carakas, Sushrutas und anderer Autoren. Asthanga bedeutet achtfach, weil dieses Werk die acht Richtungen des Ayurveda behandelt. Neu ist hier die Erwähnung der medizinischen Astrologie.

Ein Exkurs in die Geschichte

Ayurveda ist eines der ältesten und umfassendsten medizinischen Systeme der Welt.

Durch den Glauben an die Wiedergeburt spielt eine exakte Zeitmessung und die Erwähnung einzelner historischer Persönlichkeiten im Ayurveda keine große Rolle, dafür umso mehr der spirituelle Hintergrund und die persönliche Überlieferung.

Brahman, der Schöpfer der Welt, übergab die Veden den Rishis, weisen Seherinnen und Sehern, die durch ihre Spiritualität die heilenden Kräfte des Kosmos erkannten. Dieses Wissen wurde von Generation zu Generation mündlich weitergegeben, und erst als die Weisen ahnten, dass es mit den intellektuellen Fähigkeiten und dem Gedächtnis der Menschen allmählich bergab gehen würde, wurde es – über einen langen Zeitraum – in den Veden niedergeschrieben. Sie enthalten den Erfahrungsschatz vieler Völker, die in Indien bis dahin gelebt haben – der dunkelhäutigen Draviden, die schon früh um die Bedeutung der Hygiene Bescheid wussten, den verschiedenen Nomadenvölkern, den Ariern, hellhäutigen Verwandten der Perser, die das bis heute wirksame Kastensystem einführten. Die klassischen Veden wurzeln im Hinduismus und bestehen aus vier Teilen, die die Essenz historischen, religiösen, philosophischen und medizinischen Wissens beinhalten. Der älteste Teil, *Rig Veda*, dessen Ursprung bis 6000 v. Chr. zurückreichen soll, setzt sich aus 1028 Gesängen, den Samhitas, zusammen und bildet das Fundament der Veden. Das jüngere, *Atharva Veda,* ist am engsten mit dem Ayurveda verknüpft.

Im Laufe der Geschichte hat der Ayurveda das Heilwissen vieler Länder beeinflusst und wurde von den indischen Gelehrten durch den Austausch mit Heilkundigen anderer Kulturen ständig erweitert und ergänzt. Durch diesen fruchtbaren Austausch der alten Hochkulturen, besonders um die Zeit Alexanders des Großen (um 320 v. Chr.), erweiterte sich der Wissensfundus in relativ kurzer Zeit enorm. Die Wissenschaften, und damit auch der Ayurveda, wurden stärker empirisch und rational fundiert.

Etwa 70 Jahre später erlangte die Ayurvedische Medizin besondere Bedeutung und Verbreitung, als Kaiser Ashoka, der sich ein großes und stabiles Reich vom Hindukusch-Gebirge im Norden bis nach Mysore im Süden erkämpft hatte, sich vom Hinduismus abwandte und den Buddhismus zur Staatsreligion erklärte. Es wurden im ganzen Land Krankenhäuser errichtet, Ärzte und Pflegepersonal ausgebildet, Heilkräutergärten angelegt und das medizinische Wissen wurde zum wichtigsten Rüstzeug der Mönche, die den Buddhismus in ganz Asien verbreiteten.

In Tibet, Zentralasien, Sri Lanka, in Teilen von China und Japan, in Indochina und in Indonesien wird bis heute Ayurveda oder eine daraus entwickelte Heilkunde praktiziert. Übersetzungen ayurvedischer Schriften wurden angefertigt, eine davon, die nach ihrem Entdecker «Bower-Manuskript» heißt, gehört zu den ältesten original erhaltenen Handschriften. Auf 56 Birkenrindenblättern hat ein Ayurveda kundiger Wandermönch der Ashoka-

Zeit die Geschmacksqualitäten und ihre Wirkungen auf die Tri Doshas, die drei im Körper wirkenden energetischen Kräfte, beschrieben.

Die Moslems fielen erstmals im 11. Jahrhundert in Nordindien ein, ihre Herrschaft erreichte mit der Dynastie der Mogulen im 15. und 16. Jahrhundert eine Hochblüte und führte bis ins 18. Jahrhundert zu vielen Kämpfen und zur weitgehenden Unterdrückung allen vedischen Wissens. Die Macht des Islam überdeckte das vielfältige Spektrum der Religionen Indiens, die Moslems brachten ihre eigene Heilkunde mit, die Unani-Medizin. Sie basiert auf der alten griechischen Medizin und reifte im gesamten islamischen Raum zu einem hoch entwickelten medizinischen System. Die arabischen Ärzte jener Zeit waren die besten der Welt, einer davon war der berühmte Avicenna. Durch vorangegangene Übersetzungen ayurvedischer Texte ins Arabische hatten diese jedoch schon früh Einfluss auf die Unani-Medizin genommen und kamen nun auf «Umwegen» zurück. Heute werden in Indien Ayurveda, Unani und westliche Medizin nebeneinander praktiziert.

Dass die ayurvedische Medizin und die vedische Weisheit in den «Untergrund» verschwinden mussten, ist den britischen Kolonialherren zuzuschreiben. 1833 schloss und verbot die East India Company sämtliche Ayurveda-Schulen und gründete in Kalkutta die erste Universität für westliche Medizin. Trotzdem ließen sich nach wie vor große Teile des Volkes von ayurvedischen Ärzten behandeln, deren Therapien ihnen vertraut waren und deren Medikamente und Empfehlungen sie sich leisten konnten.

Etwa ab 1920 wuchs mit der indischen Unabhängigkeitsbewegung wieder die Besinnung auf das eigene kulturelle Erbe, Schulen und Universitäten unter indischer Leitung wurden gegründet und Ayurveda nahm einen neuen Aufschwung. Als erste Hochschule richtete die Benares-Hindu-University eine Fakultät für Ayurvedische Medizin ein. Heute hat Indien über 50 staatliche und etwa 80 private ayurvedische Hochschulen, und auch in vielen anderen Ländern entstehen Ausbildungsstätten für Ayurveda – für das medizinische Studium ebenso wie als ergänzende Bildungsmöglichkeiten für ErnährungsberaterInnen, MasseurInnen, HeilpraktikerInnen, PsychologInnen, ÄrztInnen und andere Interessentengruppen.

Die fünf Elemente

Nach den Veden besteht die Welt und alles darin Befindliche aus fünf Elementen: Äther (akash), Luft (vayu), Feuer (teja), Wasser (ap), Erde (prithvi). Man bezeichnet diese Elemente auch als die fünf Zustandsformen von Energie. Das gesamte Universum, jedes Lebewesen, jeder Mensch, jede Nahrung besteht aus diesen Elementen.

Das erste und feinstofflichste Element, ohne das nichts entstehen kann und dem alle anderen Elemente entstammen, ist der Raum oder Äther. Er beginnt sich in der Bewegung zu verdichten und wird somit zu Luft. Durch die wiederholte Bewegung der Luft entsteht Reibung und in weiterer Verdichtung das nächste Element – Feuer. Es schmilzt, kühlt ab und verdichtet sich zu Wasser. Das wiederum gerinnt und wird in weiterer Verdichtung zu Erde, in der nun alle anderen Elemente vorhanden sind.

Die 20 Eigenschaften (Gunas)

Um die fünf Elemente in ihren Erscheinungsformen zu beschreiben, benötigen wir Ausdrucksmöglichkeiten. Die Lehre des Ayurveda bietet uns dafür 20 Eigenschaften, die Gunas. Sie bestehen aus zehn Paaren, die jeweils Gegensätze bilden.

Durch diese Eigenschaften lassen sich Lebensmittel, Gewürze, Getränke, also alle Substanzen, die wir zu uns nehmen, beschreiben. Denn jede Substanz hat durch ihre Eigenschaften eine Wirkung auf unseren Körper und unsere Befindlichkeit.

Diese 20 Eigenschaften sind:

schwer - leicht
kalt - heiß
ölig - trocken
langsam - schnell
fest - beweglich
hart - weich
schleimig - klar
rau - glatt
dicht - fein
dickflüssig - wässrig

Um ein Gleichgewicht zu erreichen, arbeitet der Ayurveda vorwiegend mit Gegensätzen, die einander ausgleichen. Zum Beispiel: Der zu Trockenheit und damit zu Verstopfung neigende Darm benötigt ölige Substanzen, die seine Funktion aufrecht erhalten. Daraus folgt in der Ernährung: Die Portion Gemüse sollte mit etwas Ghee verzehrt werden.

Jede der Eigenschaften muss immer in ihrer Beziehung zur anderen gesehen werden. Zum Beispiel ist Brot eine kalte Mahlzeit, aber wärmer als ein gekühltes Milchprodukt. Grundsätzlich ist keines von ihnen «besser» oder «schlechter». Es kommt auf die Kraft (Hitze) Ihrer Verdauung an, auf die Außentemperatur, auf die Tageszeit, auf Ihre Konstitution welche Wahl im Moment die bessere für Sie ist. Zwischen den Gunas gibt es verschiedene Wechselwirkungen, so können die Eigenschaften heiß und trocken die Eigenschaft fest erzeugen, etwa wenn Sie Dörrobst herstellen, aber auch die Eigenschaft beweglich, wenn Sie Butter schmelzen. Darum ist es stets notwendig, die Wirkung einer Eigenschaft auf eine Substanz –

oder auf den eigenen Zustand – einschätzen zu können, indem Sie sich fragen, welchen Einfluss ein bestimmtes Guna auf Sie hat. Faszinierenderweise findet man in dieser Skala finden Sie zwei Gegensatzpaare nicht: Gut und schlecht, gesund und ungesund. Das bedeutet, dass für jede/n etwas anderes gut und gesund sein kann. Wichtig ist allein, dass der Mensch zum richtigen Zeitpunkt die richtige Substanz wählt.

Die drei Doshas

Vata, Pitta und Kapha sind drei Begriffe aus der ayurvedischen Lehre, die wohl alle kennen, die jemals mit der indischen Naturheilkunde in Berührung gekommen sind. Sie bezeichnen nicht einen «Typ», sondern es sind die drei Kräfte, die aller lebendigen Materie zugrunde liegen. Jedes Dosha ist in allen Zellen, Geweben und Organen des Körpers wirksam, darüber hinaus aber auch in Geist und Seele. An ihnen wird die Wechselbeziehung des Menschen mit seiner Ernährung und der gesamten Umwelt sichtbar.

Jeder Mensch «enthält» von Geburt an alle drei Doshas, jedoch in unterschiedlicher Ausprägung. Die Tri Doshas treten nie einzeln auf, sie stehen in einem dynamischen Gleichgewicht zueinander und sind voneinander abhängig. Befinden sich diese drei Regelkräfte unseres Seele-Körper-Geist-Systems in ihrer Balance, bedeutet dies Gesundheit. Entstehen Dissonanzen, sind Störungen die Folge.

Vata – das Prinzip der Bewegung

- Vata setzt in Gang. Und Vata zerstört, damit immer wieder Neues entstehen kann.

- Vata besteht aus *Raum und Luft.*
- In der Natur entspricht Vata dem Wind.
- Was macht Vata in unserem Organismus?
- Vata ermöglicht den Austausch der Zellen untereinander.
- Vata gibt Informationen in Form von Nervenimpulsen weiter.
- Vata nimmt Eindrücke aus der Umwelt auf und gibt sie als Ausdruck unserer Persönlichkeit wieder von sich.
- Vata ist die Bewegung unserer Kreisläufe: des Blutes, des Sauerstoffs, der Lymphe.
- Vata ist Transport, es bewegt Nahrung und Nährstoffe durch unseren Körper und scheidet Abfallstoffe aus.
- Vata bewegt unsere Gliedmaßen.
- Vata lässt unser Herz schlagen.
- Vata ist Atmung und ist Prana – unser Lebensatem.
- Vata wirkt im ganzen Körper, aber sein Hauptsitz ist der Dickdarm: Dort werden der Nahrung Wasser und Nährstoffe entzogen – und Prana – unsere Lebensenergie.

Vata ist das erste der Tri Doshas und erweckt die beiden anderen zum Leben.

Pitta – das Prinzip der Umwandlung

- Pitta transformiert. Wo Pitta wirkt, entstehen Hitze, Licht und Farbe.
- Pitta besteht aus *Feuer* und ein bisschen *Wasser*.
- In der Natur entspricht Pitta der Sonne.
- Was macht Pitta in unserem Organismus?
- Pitta dominiert die Stoffwechselprozesse im Körper. Den kleinen Stoffwechsel jeder einzelnen Zelle ebenso wie die chemischen Umwandlungen im Verdauungstrakt.
- Pitta sind Enzyme und Hormone.
- Pitta ist verantwortlich für Hunger und Durst.

- Pitta wandelt als Intellekt die Sinneseindrücke, die Vata aufgenommen hat, in Erkenntnis um.
- Pitta färbt unser Blut rot.
- Pitta regelt die innere und äußere Temperatur unseres Körpers.
- Pitta bestimmt Farbe und Glanz unserer Haut und unserer Augen.
- Pitta ermöglicht Sehen.
- Pitta wirkt im ganzen Körper, aber seine Hauptsitze sind Magen und Dünndarm.
- Hier wandeln Pitta und Agni, unser Verdauungsfeuer, die Nahrung um zu etwas, das unser Körper, das wir selbst sind.

Pitta schenkt den beiden anderen Doshas Wärme und gibt der ungerichteten Bewegung Vatas ein Ziel.

Kapha – das Prinzip des Aufbaus

- Kapha ist Materie. Kapha gibt Struktur und Schutz.
- Kapha ist Verbindung aller Zellen miteinander.
- Kapha besteht aus *Wasser und Erde.*
- In der Natur entspricht Kapha dem abkühlenden und Wasser anziehenden Prinzip des Mondes.
- Was macht Kapha in unserem Organismus?
- Kapha ist der aufbauende Stoffwechsel, es ist Zelle und Zellflüssigkeit.
- Kapha ist die Feuchtigkeit und die Schmierung in unserem Körper.
- Kapha überzieht als Schutzschicht unsere Schleimhäute, als Gelenksflüssigkeit schützt es unsere Knochenverbindungen.
- Kapha schützt als Flüssigkeit Gehirn und Nerven.
- Kapha ist Speichel und ermöglicht die Wahrnehmung des Geschmacks auf der Zunge.

- Kapha ist die Beständigkeit, die unsere Organe verlässlich für so viele Jahre arbeiten lässt.
- Kapha ist verantwortlich für Schlaf und Langzeitgedächtnis.
- Kapha gibt uns Stärke und Widerstandskraft und ein stabiles Immunsystem.
- Kapha wirkt im ganzen Körper, aber seine Hauptsitze sind Lunge und Magen.
- Hier bedürfen wir der Feuchtigkeit von Kapha, um die Lunge vor der Austrocknung durch die Luft und den Magen vor dem Feuer der Verdauung zu bewahren.

Kapha schützt uns vor dem Übermaß der beiden anderen Doshas.

▸ **Übung:** Versuchen Sie, den Funktionen der Tri Doshas in Ihrem Körper nachzuspüren. Setzen oder legen Sie sich entspannt hin.

VATA. Fühlen Sie die Bewegungen in Ihrem Körper, die auch vorhanden sind, wenn Sie das Gefühl haben, «Nichts» zu tun. Ihren Atem, der ein- und ausströmt. Ihr Herz, das pulsiert.

Ihre Nervenimpulse, die Sie als Tastsinn wahrnehmen, der Sie Ihren Körper spüren lässt und die Unterlage, auf der Sie liegen. Die Bewegung Ihrer Gedanken. Die Bewegung Ihrer Augäpfel, die selbst dann vorhanden ist, wenn Sie schlafen. Spüren Sie Bewegungen in der Speiseröhre beim Schlucken, im Magen, im Darm?

Stellen Sie sich die Bewegungen Ihres Blutkreislaufs vor, die Ihren Körper versorgen bis an die Peripherie. Bewegen Sie sacht Kopf, Arme, Zehen ...

Alles das ist Vata.

PITTA. Pitta ist schwieriger zu «spüren». Um es wahrzunehmen, brauchen Sie Ihre Vorstellungskraft. Und Pitta ist diese Vorstellungskraft, ist die Fähigkeit, Gesehenes und Erfahrenes umzuwandeln in die eigenen Bilder und Gedanken.

Denken Sie an die Wärme in Ihrem Körper. Unser Organismus benötigt eine konstante Innentemperatur, um am Leben zu bleiben. Spüren Sie die Temperaturunterschiede auf Ihrer Haut.

Denken Sie an die rote Farbe Ihres Blutes, seine Wärme, seine Kraft. An die Kraft der Umwandlung, die nötig ist, um aus der Nahrung, die Sie zu sich nehmen und aus der Atemluft Materie herzustellen: Zellen, Blut, Lymphe, Muskeln, Knochen, Organe...

«Sehen» Sie Ihre Kraft des Sehens – Ihre Möglichkeiten zu «erkennen». Sowohl den Raum, der Sie tatsächlich umgibt, als auch den Raum als Idee – als grundlegendes Element dieses Universums.

Alles das ist Pitta.

KAPHA. Spüren Sie die Materie. Spüren Sie Ihren Körper, der ruhig liegt oder sitzt. Der Platz einnimmt, der wichtig und gewichtig ist. Ihren Körper, über den Sie sich und über den die anderen Sie in dieser Welt am meisten wahrnehmen. Über den Sie sich zu einem großen Teil identifizieren. Wie sieht sie aus – Ihre körperliche Materie? Ihre Muskeln, Ihr Kopf, Ihre Gliedmaßen ...

Wie nehmen Sie Ihre inneren Organe wahr? Ihr Herz, das unermüdlich für Sie schlägt. Ihren Magen, Ihren Darm, Leber, Milz, Lunge ... alles arbeitet ständig nur für Sie. Nehmen Sie Kapha als Schutz, Schmiere und Feuchtigkeit wahr. Kapha, das die Organe auskleidet, die Gelenke schützt ...

Alles das ist Kapha.

Die Eigenschaften der fünf Elemente

Raum	Luft	Feuer	Wasser	Erde
fein	kalt	heiß	kalt	kalt
klar	beweglich	beweglich	beweglich	unbeweglich
durchdringend	leicht	leicht	ölig	schwer
	rau	scharf	glatt	dicht
			weich	langsam

Daraus ergeben sich die Eigenschaften der Tri Doshas:

Vata	Pitta	Kapha
bestehend aus Raum & Luft	bestehend aus Feuer & Wasser	bestehend aus Wasser & Erde
kalt	heiß	kalt (weniger als Vata)
leicht	scharf	schwer
beweglich	ölig	fest
rau	leicht (weniger als Vata)	ölig
fein	beweglich (weniger als Vata)	schleimig
trocken		unbeweglich

Mit diesen paar Eigenschaften wissen Sie nun schon sehr viel. Treten diese Eigenschaften in ihrem Körper auf, machen Sie das Vorherrschen des Doshas dort, wo diese Eigenschaft auftritt, deutlich.

Zum Beispiel: Wenn Sie leicht frieren, deutet dies auf ein Übermaß von Vata hin, schwitzen Sie leicht, auf einen Pitta-Überschuss. Haben Sie einen schweren, festen Körperbau, werden Skelett und Muskulatur von Kapha dominiert. Wenn mehrere Merkmale eines Dosha-Überschusses auftreten, weist dies auf Ihren Konstitutionstypus hin.

Die Konstitutionstypen des Menschen

Jeder Mensch kommt mit einem individuellen Verhältnis der Drei Doshas zur Welt. Dies ist unsere «Prakrti», unsere Natur, unser Konstitutionstyp. Je nachdem, ob Vata, Pitta oder Kapha vorherrschen, werden unser Erscheinungsbild, unsere Anlagen, Begabungen, unsere Neigungen und unsere Anfälligkeit für bestimmte Krankheiten bestimmt. Die meisten Menschen gehören in die Gruppe der so genannten Mischtypen, werden also von zwei Doshas dominiert. Sie sind Vata-Pitta-, Pitta-Kapha- oder Kapha-Vata-Typ etc. Es gibt aber auch sowohl die Dominanz eines Doshas – also den Vata- , Pitta- oder Kapha-Typus als auch – allerdings selten – den Drei-Dosha-Typus, bei dem alle drei Doshas in gleichem Maß vorhanden sind.

Unsere individuelle Prakrti (= unsere angeborene Konstitution) ist unveränderbar. Das bedeutet, dass wir angeborene Anlagen sehr wohl weiterentwickeln und beeinflussen können, dass aber das Grundverhältnis der drei Doshas in uns immer dasselbe bleibt. Wenn wir nun versuchen, die einzelnen Konstitutions-Typen in sehr vereinfachten Bildern zu beschreiben, vergessen Sie bitte niemals, dass wir immer die Summe aus allen dreien sind und dass diese Typisierungen nur Modelle sein sollen, die die eigene Beobachtung schärfen und Tendenzen eines Zustandes erkennen lassen sollen.

Eigenschaften des Vata-Typs

Vorherrschende Eigenschaften: wechselhaft, beweglich, kalt

Körperbau: schlank, überdurchschnittlich groß (seltener auch klein), lange, feine Glieder, geringe Muskelmasse, markante Gesichtszüge, bräunlicher Teint, feines und trockenes, oft gekräuseltes Haar, Venen deutlich sichtbar, schwaches Bindegewebe, unregelmäßige Zähne

Psyche: kreativ, kommunikativ, freiheitsliebend, begeisterungsfähig, rasche Aufnahmefähigkeit, musisch, oberflächlich, geringes Selbstbewusstsein, wenig Durchhaltevermögen, rasches und leises Sprechen

Tendenz zu folgenden Beschwerden: schwache Verdauung (Verstopfung), Blähungen, spröde Haut und Nägel, schmerzhafte Zustände (z.B. Kopfschmerzen, Migräne, Nervenschmerzen, Verspannungen), knackende und schmerzende Gelenke, Schlaflosigkeit, Stottern, Unruhe und Nervosität, schlechte Durchblutung (kalte Hände und Füße), Kältegefühle

In den klassischen Schriften werden dem Vata-Dosha 80 Krankheiten zugeschrieben. Menschen mit Vata-Dominanz werden zwar rasch krank, aber meist auch rasch wieder gesund.

Eigenschaften des Pitta-Typs

Vorherrschende Eigenschaften: heiß, ölig, riechend

Körperbau: Größe und Muskulatur durchschnittlich, rötlicher und empfindlicher Teint, helles blondes oder rötliches Haar, feine und warme Hautoberfläche, starkes Verdauungssystem

Psyche: intellektuell und logisch, liebt Herausforderungen, starke Willenskraft, temperamentvoll, «Augenmensch», Neigung zu Wutausbrüchen, kann schwer loslassen, ausdrucksstarke und pointierte Sprache

Tendenz zu folgenden Beschwerden: starkes Schwitzen mit saurem Körpergeruch, Durchfall, Sonnenbrand, Entzündungen, Hautprobleme, Bluthochdruck, Übersäuerung und Sodbrennen, Haarausfall und frühes Ergrauen

In den klassischen Schriften werden dem Pitta-Dosha 40 Krankheiten zugeschrieben.

Eigenschaften des Kapha-Typs

Vorherrschende Eigenschaften: schwer, kühl, unbeweglich

Körperbau: massiver Körperbau mit starken Gelenken, ausgeprägte Gesichtszüge, kräftiges und dichtes Haar, geschmeidige, gut gefettete Haut, gute Schmierung der Gelenke, langsame Verdauung

Psyche: gutes Durchhaltevermögen, ruhige und gelassene Ausstrahlung, Genussmensch, treu, besitzverhaftet, langsames Lernen

Tendenz zu folgenden Beschwerden: Depressive Verstimmungen, Trägheit, Müdigkeit, Verkühlungen mit starker Schleimbildung, Völlegefühl, Übergewicht, fette Haut

In den klassischen Schriften werden dem Kapha-Dosha 20 Krankheiten zugeschrieben. Haben sich diese Krankheiten jedoch in der Kapha-Konstitution festgesetzt, können sie sich als langwierig bis chronisch erweisen.

▸ **Übung:** Beobachten Sie über mindestens vier Wochen den Einfluss Ihrer Ernährung auf die drei Doshas.

Die drei übergeordneten Gunas

Sattwa, Rajas und Tamas sind drei Begriffe aus der Samkhya-Philosophie. Diese Lehre hat wesentlichen Einfluss auf die Grundlagen des Ayurveda und erklärt die Entstehung der Welt aus zwei Prinzipien, aus Purusha, dem universellen Geistprinzip, das unvergänglich, unbewegt und körperlos ist, und Prakriti, dem Prinzip der Materie, der unmanifestierten, unbewussten Natur. Sie genauer erklären zu wollen, würde den Rahmen dieses Kochbuchs sprengen. Vor allem auch deshalb, weil die Deutungsmöglichkeiten sehr weitläufig sind.

Nachdem sie in der ayurvedischen Literatur jedoch häufig vorkommen, seien sie – in sehr vereinfachter Form – auch hier kurz angeführt.

- **Sattwa** ist das helle und klare Prinzip, das nach Bewusstsein und Wissen strebt, es ist die kosmische Intelligenz und der Ursprung der Bewusstheit.

- **Rajas** ist das Prinzip der Aktivität und Veränderung, der Bewegung und Geschwindigkeit. Diese Kraft verbindet Sattwa und Tamas und ist «die Energie selbst».

- **Tamas** ist das Prinzip der Trägheit, der Dunkelheit und des Widerstandes gegen Sattwa und Rajas. Es gibt die Möglichkeit der Manifestation und die Fähigkeit durchzuhalten, es ist die Resource der Materie, aus der wir schöpfen können.

Was haben diese drei Begriffe nun mit unserer Ernährung zu tun?

Die Auswahl der Nahrungsmittel beeinflusst unser geistiges und seelisches Wohlbefinden. Besonders im Fall von Krankheiten unterstützt sattwische Nahrung den Genesungsprozess von Körper und Psyche. Auch die Zubereitung der Nahrungsmittel wird von Sattwa, Rajas und Tamas begleitet:

- Mit Sattwa beginnt die Idee der Speisenfolge, die Überlegung, wer eingeladen wird, wie man den Tisch deckt und welche Vorbereitungen zu treffen sind.
- Mit Rajas kommt Energie in Gang. Das Kochen selbst, die Veränderung der Lebensmittel, das Decken des Tisches wird durch Rajas initiiert.
- Tamas gibt uns die Stabilität, unser Vorhaben zu Ende zu führen und das Essen zu genießen.

Sattwische Nahrungsmittel

Sattwische Nahrungsmittel haben auf alle drei Doshas einen guten Einfluss: sie beruhigen die Unruhe in Vata und Pitta, und sie fördern Leichtigkeit und Flexibilität in Kapha (wenn Menge und Auswahl stimmen). Ihre Geschmacksrichtung ist vorwiegend süß (diese Geschmacksrichtung wirkt aufbauend und verjüngend), sie sind mild, ausgewogen, gut verdaulich und verträglich. Frisches, vollwertiges und biologisches Getreide, Gemüse, Obst und Nüsse sind die Grundlagen. Als besonders sattwisch gelten frische Datteln und frische Milch, Mandeln, reife Früchte, Ghee und Honig.

Rajasische Nahrungsmittel

Rajasische Nahrungsmittel wirken anregend und beschleunigend. Im Überfluss genossen, können sie unruhig und aggressiv machen. Wenn wir sie allerdings im richtigen Maß zu uns nehmen, können wir ihre Eigenschaften nutzen. Einst wurde die Aggression der Krieger durch rajasische Nahrung unterstützt. Als rajasisch gelten Essig, Tofu, Knoblauch, reifer Käse, Tomaten, Pfeffer und Chili.

Tamasische Nahrungsmittel

Tamasiche Nahrungsmittel machen in großer Menge müde, schwer und träge. Eine kleine Auswahl davon kann zum richtigen Zeitpunkt aber auch erdend sein. Zu ihnen gehören Fleisch, Pilze, Schokolade und Alkohol ...

Aber auch lange warm gehaltenes, wiederholt aufgewärmtes, verdorbenes Essen gilt als tamasisch und sollte gemieden werden.

Die sechs Geschmacksrichtungen

Rasa ist das Sanskritwort für Geschmack und steht für die erste Empfindung, wenn wir mit einer Substanz in Berührung kommen.

Durch unsere Zunge und unseren Geschmackssinn können wir – laut Ayurveda – sechs Geschmacksrichtungen unterscheiden: süß, sauer, salzig, scharf, bitter, herb (zusammenziehend). Aus der Sicht des Ayurveda muss eine ausgewogene Mahlzeit alle sechs Rasas einschließen. Dabei ist es nicht wünschenswert, eine Mahlzeit mit einem Rasa zu überladen oder jeden Tag den gleichen Rasas den Vorzug zu geben.

Was sind nun die Wirkungen dieser Geschmacksrichtungen auf unseren Körper? Erinnern wir uns an die fünf Elemente und die Eigenschaften.

1. **Süß** (neutral): Der «süße» Geschmack – besser noch als «neutral» bezeichnet – dominiert unsere Hauptnahrungsmittel von Getreide über Fett bis zu Fleisch. Süß baut unseren Körper auf und gibt ihm Feuchtigkeit. Damit Süß gut verdaut wird, brauchen wir die anderen fünf Geschmacksrichtungen, die – mit den Eigenschaften heiß, trocken und leicht – süß ausgleichen helfen und unsere Verdauung unterstützen.

2. **Sauer:** regt unser Verdauungsfeuer (Agni) an. Gleichzeitig nährt es, hilft beim Aufbau der Körpersubstanz, stärkt unsere Widerstandskraft, stillt den Durst und befeuchtet. Essig, Joghurt (besonders Magerjoghurt), alle vergorenen Produkte, Alkohol und unreife Früchte gelten als sauer.

3. **Salzig:** wirkt befeuchtend, macht das Gewebe weich (hält Wasser im Körper zurück) und bringt in Fluss. Es regt Appetit und Verdauung an und verstärkt alle anderen Geschmacksrichtungen.

4. **Scharf:** regt Agni, das Verdauungsfeuer, an, wirkt reinigend und durchblutungsfördernd. Wir begegnen dem scharfen Geschmack vor allem in Form von Gewürzen (bzw. ätherischen Ölen).

5. **Bitter:** ist der Geschmack, der alle anderen dominiert. Er wirkt verdauungsfördernd, festigt Haut und Gewebe, reduziert Giftstoffe und Feuchtigkeit. Vor allem Salate (Endivie und Radicchio), Chicoree und Artischocken liefern den bitteren Geschmack.

6. **Herb:** wirkt zusammenziehend, beruhigt und verdichtet das Gewebe. Herb ist Bestandteil der meisten Gemüsesorten, von Getreide und Hülsenfrüchten.

Mit dem Wissen um diese sechs Geschmacksrichtungen und ein bißchen Übung lernen Sie rasch, kleine Disharmonien Ihrer Doshas durch die richtige Auswahl und Zubereitung Ihrer Mahlzeiten auszugleichen.

Dafür das Wichtigste auf einen Blick:

Geschmack (Rasa)	Besteht aus den Elementen	Hat diese Eigenschaften	vermindert	verstärkt
süß (neutral)	Wasser & Erde	schwer, befeuchtend, kalt	Pitta Vata	Kapha
sauer	Feuer & Erde	heiß, leicht, befeuchtend	Vata	Pitta Kapha
salzig	Wasser & Feuer	schwer, befeuchtend, warm	Vata	Pitta Kapha
scharf	Feuer & Luft	heiß, leicht, trocken	Kapha	Pitta Vata
bitter	Luft & Äther	kalt, leicht, trocken	Pitta Kapha	Vata
herb (zusammenziehend)	Luft & Erde	kühl, trocken, schwer	Pitta Kapha	Vata

Mit einer kleinen Übung gelingt es Ihnen, die sechs Geschmacksrichtungen in ihrer puren Form wahrzunehmen. Es empfiehlt sich, zwischen den Proben jeweils ein paar Stunden vergehen zu lassen.

Süß: Kauen Sie ein paar Haferflocken, bis Sie den süßen Geschmack wahrnehmen können.

Sauer: Nehmen Sie ein paar Tropfen Zitronensaft oder Apfelessig auf die Zunge.

Salzig: Kosten Sie ein paar pure Salzkristalle.

Scharf: Versuchen Sie es mit einer ganz kleinen Prise Cayenne oder schwarzem Pfeffer.

Bitter: Nun müssen Sie auf Kräuter zurückgreifen: Nehmen Sie ein kleines Blättchen Tausendguldenkraut, Enzian, Wermut oder Beifuß in den Mund und kauen es.

Herb: Lassen Sie schwarzen Tee 10–15 Minuten ziehen und kosten dann ein wenig davon.

Agni – Das Prinzip des Stoffwechsels

In den klassischen Schriften des Caraka heißt es: *«Agni ist verantwortlich für den ganzen Lebensprozess, für das Aussehen, die Hautfarbe, für die Stärke, Tatkraft, Energie, Gesundheit, für den Aufbau von Gewebe, für Ojas, für die Körpertemperatur und für den Lebensatem.»*

«Agni» heißt übersetzt brennen, umwandeln, wahrnehmen. Es ist das Symbol für das «Feuer des Lebens» – wenn diese Flamme verlischt, sterben wir. Agni ist das Feuer des Stoffwechsels, das die Nahrung umwandelt in menschliche Substanz. Wenn Agni richtig brennt, bleiben wir gesund und erfreuen uns einer glücklichen Ausstrahlung. Wenn Agni zu schwach ist, entstehen Stoffwechselschlacken (Ama), die den Organismus belasten, anfangs zu Unausgewogenheiten (Müdigkeit, Verstopfung, Blähungen), und später zu Krankheiten führen können.

Wie bei allen körperlichen Vorgängen, spielen auch im Zusammenhang mit Agni die drei Energien Vata, Pitta und Kapha eine wichtige Rolle.

Zuerst werden über **Vata und Pitta** die Geschmacks- und Geruchsrezeptoren aktiviert. Duft und Aroma beeinflussen auf dem

Weg über das Gehirn, welche und wie viele Verdauungssäfte von Magen und Dünndarm freigesetzt werden.

Kapha und Vata sorgen dafür, dass die Nahrung in der Mundhöhle und im Magen zerkleinert und befeuchtet wird. Hier werden die Elemente Erde und Wasser aus der Nahrung gelöst (Aufspaltung der Kohlenhydrate), der süße Geschmack herrscht vor.

Pitta ist vergleichbar mit den Verdauungsenzymen in Magen und Dünndarm und anderen Organen in diesem Bereich. Pitta wandelt die Nahrung um und bereitet sie für die Aufnahme in den Körper vor. Fette werden aufgespalten, Kohlenhydrate umgewandelt und in der Leber gespeichert. Das Element Feuer wird aus der Nahrung gelöst, der saure Geschmack herrscht vor.

Durch die Energie **Vata** wird im Dickdarm die Lebenskraft PRANA aus der Nahrung aufgenommen. Wasser wird entzogen, Kalzium und andere Mineralien gelangen in die Gewebe. Die Elemente Raum und Luft werden aus der Nahrung gelöst. Es herrscht der scharfe Geschmack (austrocknend) vor.

Vata gibt schließlich den Impuls für die Ausscheidung.

Wie das Feuer im Kamin will auch unser inneres Feuer richtig behandelt werden, wenn es regelmäßig und wirksam brennen soll.

- Wir brauchen gutes Brennmaterial: sorgfältig ausgewählte Nahrungsmittel.
- Wir brauchen das richtige Maß an Wind und Raum (Vata), damit die Nahrung Platz hat und sich bewegen kann. Nur zwei Drittel des Magens sollen bei einer Mahlzeit mit Nahrung gefüllt werden.
- Wir brauchen ausgewogene Hitze (Pitta), um die Nahrungsmittel verbrennen zu können. Unterstützen können wir diese Hitze, indem wir die Nahrung dem Konstitutionstyp entsprechend zubereiten und würzen.
- Wir brauchen Schutz und Feuchtigkeit der Schleimhaut (Kapha), damit die Nährstoffe lange genug im Körper bleiben, um resorbiert zu werden.

In der klassischen ayurvedischen Literatur heißt es:
Zu starker Wind – VATA – bläst das Feuer aus.
Zuviel Feuchtigkeit – KAPHA – löscht die Glut.
Zuviel Hitze – PITTA – verbrennt zu schnell.

Durch das Übermaß eines Doshas kann es in der Verdauung zu Störungen kommen, die sich jeweils über spezifische Symptome äußern.

Zuviel Vata ist spürbar durch wechselhaften Appetit, Durst, Blähungen, harten Bauch, Verstopfung.

Zuviel Pitta zeigt sich als Heißhunger, Aufstoßen und Sodbrennen, Hitzegefühle, Rötungen und vermehrte Durchblutung. Der Stuhl ist weich.

Zuviel Kapha merkt man an unangenehmem Völlegefühl, Appetitlosigkeit und trägem Stoffwechsel. Der Stuhl ist schleimig.

Um diese Störungen zu vermeiden, können wir Agni durch frisch zubereitetes, sorgfältig ausgewähltes und richtig gewürztes Essen in angenehmer Umgebung stärken.

Wir sollten bedenken, dass der Kochvorgang bereits als Teil der Verdauung angesehen werden kann. Stimuliert wird Agni vor allem durch Gewürze, die ähnliche Eigenschaften wie das Verdauungsfeuer selbst aufweisen: heiß, trocken, leicht, beweglich, duftend. Also Ingwer, Kardamom, Pfeffer, Zimt und viele andere.

Den ausgewogenen Zustand Agnis erkennt man an einer reinen Zunge, gutem Appetit, regelmäßigem Stuhlgang, dem Fehlen von Mundgeruch und einer feinen Wahrnehmung von Geschmack und Geruch.

Aus der Arbeit Agnis entsteht eine feine nährende Substanz, die «Aharasa» genannt wird und aus der im weiteren Prozess die sieben Gewebe des Körpers (Lymphe, Blut, Muskeln, Fett, Knochen, Nerven, Fortpflanzungsgewebe) aufgebaut werden. Ihre Essenz heißt «OJAS», das oft mit «Immunsystem» übersetzt wird, sie hat aber – wie die meisten Ayurveda-Begriffe – eine viel weitreichendere Bedeutung. Alles ayurvedische Wissen zielt darauf, Ojas zu erzeugen und aufrecht zu erhalten. Ojas ist Vitalität und strahlendes Wohlbefinden, es hält uns gesund und glücklich und verschafft uns einen klaren Geist. Jede hastige, unbedachte Handlung vermindert Ojas, jede bewusste und achtsame Handlung vermehrt es. Achten wir also sorgfältig auf die «acht Tropfen Ojas, die jede und jeder von uns im Herzen trägt».

Massage und Körperpflege im Ayurveda

«Abhyanga», die Ganzkörpermassage mit pflanzlichen Ölen, ist neben ausgewogener Ernährung und ausreichender Bewegung die wichtigste – und einfachste – Art, Agni zu stärken. Sie regt sanft die Durchblutung an, verbessert den Zellstoffwechsel, macht die Haut seidig und glatt und bringt Ojas zum Leuchten.

In vielen Familien Indiens werden Babys von den ersten Lebenstagen an regelmäßig massiert, damit sie gesund aufwachsen. Würden wir diese Tradition übernehmen, gäbe es wohl einige Erkältungen und Unverträglichkeiten weniger. Aber nicht nur für Kinder, sondern auch für Erwachsene ist die Massage ein Mittel zur Regeneration und zur Harmonisierung der Doshas. Die angenehme körperliche Berührung vom Scheitel des Kopfes bis zur kleinsten Zehe – auch in Form der Selbstmassage – sollte Eingang in unseren Alltag finden.

Für Menschen mit **Vata-Konstitution** bedeutet eine gleitende, warme und sehr ölige Massage die Beruhigung ihres Nervensystems und ihres Kreislaufes, ihre trockene Haut wird geschmeidig und elastisch, schmerzende Verspannungen lösen sich allmählich, und die Bewegungen der Gelenke laufen wie «geschmiert».

Der **Pitta-Konstitution** hilft sanfte Massage mit kühlenden Substanzen beim »Loslassen« ihrer beruflichen Anspannungen, sie tonisiert und entspannt die vom Sport verhärtete Muskulatur und macht die sensible Haut widerstandsfähig. Beruhigend auf Pitta wirkt auch Rosenwasser – nicht nur als Gesichtswasser, sondern durch das Befeuchten des ganzen Körpers.

Kapha-Typen werden durch kräftige Massage mit wärmenden und entschlackenden Ölen angeregt, das Immunsystem wird gestärkt und die Ausscheidung von Giftstoffen aus dem Körper gefördert. Wenn die Haut fettig ist, werden die Öle unter der Dusche mit Kichererbsenmehl entfernt.

Ergänzungen zum Abhyanga sind trockene oder nasse Massagen mit Kräuter- und Gewürzpeelings, deren Basis aus verschiedenen Heilerden besteht, sowie die Massage mit Seidenhandschuhen (Garshan-Massage), die auf sanfteste Art die trockenen Hautschüppchen entfernt und die Haut weich und aufnahmefähig für Wirkstoffe macht.

Massage und Kosmetik sind die Ernährung des Körpers von außen, deshalb ist es genau so wichtig wie bei der Auswahl der Lebensmittel, auf beste Qualität Wert zu legen. Im klassischen Ayurveda wird für die Massage vor allem Sesamöl verwendet, aber auch Ghee oder Kokosöl (Kokosöl wirkt kühlend und wird speziell bei Pitta-Beschwerden und zur Kopfmassage eingesetzt). Für therapeutische Anwendungen werden Heilkräuter stundenlang in Pflanzenöl gekocht.

In der Kräuterdrogerie haben wir biologische kalt gepresste Öle mit feinen ätherischen Ölen zusammengestellt, die die einzelnen Doshas ausgleichen. Auch unsere Gesichts-Kosmetik besteht aus biologischen Wirkstoffen und ist nach ayurvedischen Kriterien abgestimmt.

Die Reinigung des Gesichts soll sanft sein und die Haut nicht austrocknen, ein mildes Gesichtswasser tonisiert den Teint. Die Creme für Vata ist besonders reich an Fett, schützt und hält geschmeidig, die Pitta-Creme enthält heilsame und beruhigende Substanzen in kleinsten Mengen, damit die empfindliche Haut nicht gereizt wird, die Kapha-Pflege fördert die Durchblutung der Haut. Natürlich wird – wie bei allen Maßnahmen einer ayurvedischen Behandlung – nicht nur von der Grundkonstitution ausgegangen, sondern nach spürbaren Bedürfnissen. So wird die Vata-Pflege in unserer Klimazone im Winter tagsüber vermehrt Schutz geben, Pitta-Creme und Gesichtswasser die Haut im Sommer nach dem Sonnenbrand beruhigen.

DIE RICHTIGE AUSWAHL UND ZUBEREITUNG VON LEBENSMITTELN

Die folgende Einteilung der Lebensmittel und ihrer Wirkung auf die drei Konstitutionstypen Vata, Pitta und Kapha soll für Sie ein Hilfsmittel sein, Ihre Ernährung allmählich nach Ihren Bedürfnissen auszuwählen.

Wenn Sie sich wohl und gesund fühlen, können Sie aus allen drei Lebensmittelgruppen wählen. Wenn Sie jedoch Beschwerden oder Disharmonien spüren, horchen Sie in sich hinein, beobachten Sie, welche Energien überwiegen, welche Sie fördern und welche Sie dämpfen sollten. Und bedenken Sie auch immer, welche Rolle die Tri Doshas im jahreszeitlichen Rhythmus spielen.

Ashtavidaaharanayama oder was Sie beim Essen beachten sollten	
Prakrti	die Natur der Nahrung, die sich in ihrem Geschmack und ihren Eigenschaften ausdrückt
Karana	die achtsame Zubereitung der Nahrung
Sanyoga	die richtige Kombination der Nahrungsmittel und Gewürze
Upayoga	der Zustand des eigenen Körpers und der Psyche
Upayogasantha	das Eingehen auf die Bedürfnisse unseres Körpers
Rashi	die Menge
Kala	Zeitpunkt und Dauer des Essens
Desha	die Herkunft eines Lebensmittels

Die richtige Ernährung für den Vata-Typ

Erinnern wir noch einmal an die Eigenschaften, die Vata prägen: kalt, leicht, rau, trocken, wechselhaft, beweglich. Anhand dieser Qualitäten ist es einfach, auf Richtlinien für die Ernährung zu schließen, die ja nichts anderes tun soll, als diese Eigenschaften auszugleichen. Wissen Sie noch, welche Geschmacksrichtungen einem Vata-dominierten Menschen besonders gut tun? Sauer und salzig (um das Verdauungsfeuer anzuregen), süss (um Gewebe aufzubauen und um zu stabilisieren).

Bei erhöhtem Vata sollten die Mahlzeiten warm, befeuchtend, nahrhaft, beruhigend, erdend, ölig sein. Sie sollten mild gewürzt werden, leicht gesalzen und gesäuert, um die Verdauung anzuregen. Besonders geeignet sind Eintöpfe, Suppen, Aufläufe (oft ist eine Speise pro Mahlzeit genug). Das Essen sollte mit ausreichend Fett zubereitet werden.

Sorgen Sie während des Essens für eine ruhige, entspannte Atmosphäre, vermeiden Sie Ablenkungen (z.B. Fernsehen), Fast Food und «Fressorgien».

Vata vermehrend sind das Alter, der Herbst und der frühe Winter, der Nachmittag (ca. 14 bis 18 Uhr), Reisen, laute Geräusche, Lärm, Kälte, Wind. In diesen Zeiten sollte man besonders auf Vata reduzierende Ernährung achten.

Empfehlungen für die tägliche Ernährung:

- ein nahrhaftes, leicht verdauliches Frühstück (Brei)
- eine leichte Zwischenmahlzeit
- Mittagessen (zwischen 10 und 14 Uhr)
- eine kleine Zwischenmahlzeit zwischen 15 und 16 Uhr, damit der Energiespiegel nicht abfällt

- das Abendessen möglichst vor 18 Uhr und leichter als das Mittagessen
- spätestens zwei Stunden vor dem Schlafengehen nichts mehr essen
- ausreichendes Trinken warmer Flüssigkeit den ganzen Tag über

Typische Vata-Speisen

Für den Vata-dominierten Konstitutionstyp eignen sich vor allem folgende Nahrungsmittel:

Getreide: Reis (v. a. weißer Basmati), Süßreis, Hafer, Weizen, Dinkel, Nudeln und Flocken.

Backwaren: Brot sollte nur in Maßen gegessen werden und vor dem Verzehr ein bis zwei Tage liege bleiben.

Gemüse: Kürbis, rote Rüben, Karotten, Fisolen, Okra, Zucchini, Spargel, Pastinaken, Avocados, milder, weißer Rettich, Süßkartoffel; Zwiebel, Lauch und Knoblauch gekocht; in kleinen Mengen eignen sich auch Kartoffeln, Karfiol, Kohl, Kohlsprossen, Erbsen, Spinat, Mangold, Sellerie, Kopfsalat und Tomaten.

Hülsenfrüchte: Linsen, rote Linsen, Mungbohnen, Spalterbsen; Tofu und andere Sojaprodukte (auch Getränke).

Obst: Zwetschken, Beeren, Melonen, Marillen, Datteln, Orangen, Kirschen, Ananas, Kokosnüsse, frische Feigen, Trauben, Pfirsiche, Erdbeeren, Datteln, Grapefruits, Zitronen, Limonen (das Obst sollte stets gut ausgereift sein); eingeweichte oder gekochte Trockenfrüchte; rohes Obst am besten außerhalb der Mahlzeiten zu sich nehmen (wenn der obere Verdauungstrakt frei ist).

Milchprodukte: generell alle (besonders, wenn sie nicht homogenisiert sind), vor allem Milch, Ghee, Frischkäse, Butter, Joghurt, Sahne, Lassi.

Nüsse und Samen: alle (in kleinen Mengen), auch als Nussmus.
Öle und Fette: alle Sorten in kleinen Mengen, besonders Ghee und Sesamöl.
Süßmittel: alle Arten von Süßmitteln außer weißem Zucker; Gersten- und Reismalz, Zuckerrohrgranulat, Honig, Ahornsirup, Agavendicksaft.
Würzen: Meersalz, Kräutersalz, Gomasio, Miso, Sojasaucen, süßsaure Pickles und Chutneys, milder Senf und Essig, Zitronen- und Limonensaft, mild wärmende und entblähende Gewürze (Kreuzkümmel, Kardamom, Zimt, Koriander, Fenchel, Anis, Ingwer); extreme Schärfe (trocknet aus und zerstreut die Körperwärme) sollte gemieden werden.
Getränke: milde Kräutertees, Getreidekaffee, Obst- und Gemüsesäfte, Misosuppe, Lassis, Mixgetränke mit Milch und Nussmus.

Die richtige Ernährung für den Pitta-Typ

Pitta wird geprägt von den Eigenschaften heiß, scharf, beweglich, leicht und ölig. Diese Eigenschaften lassen sich in der Ernährung durch die Geschmacksrichtungen süß (gibt dem Verdauungsfeuer Nahrung und wirkt kühlend), bitter (unterstützt Leber und Galle, wirkt kühlend und austrocknend) und herb (wirkt zusammenziehend, dämpft das Feuer und kühlt) ausgleichen.

Bei erhöhtem Pitta sollten die Mahlzeiten kühl, trocken und ausreichend sein, gering gesalzen und mild gewürzt. Meiden Sie zu fette Speisen, denken Sie aber daran, Ihren recht hohen Eiweiß-Bedarf zu decken (vor allem bei körperlicher Betätigung).

Bei vermehrtem Pitta sollten scharfe, heiße und saure Nahrungsmittel, Kaffee und Alkohol unbedingt gemieden werden. Pitta vermehrend sind der Sommer, der Mittag und Mitternacht, intensive Hitze und grelles Licht, hohe Leistungsanforderungen.

Achten Sie in diesen Situationen besonders auf Ihr Pitta.
Empfehlungen für die tägliche Ernährung:

- mindestens drei Mahlzeiten
- rechtzeitig den Hunger stillen, damit es nicht zu Reizbarkeit und Magenproblemen kommt
- nicht zu spät am Abend essen
- mäßig trinken (bei körperlicher Betätigung auch mehr)

Typische Pitta-Speisen

Für den Pitta-dominierten Konstitutionstyp eignen sich vor allem folgende Nahrungsmittel:

Getreide: weißer Reis (besonders Basmati), Gerste, Hafer, Weizen, Quinoa.

Gemüse: grüne Blattsalate, Chicoree, Karfiol, Brokkoli, Kohlsprossen, Fisolen, Erbsen, Gurken, Kürbis, Zucchini, Kartoffeln, Kohl, Gemüsepaprika, Petersilie, Pilze, Sellerie, Spargel, gegarte Zwiebel. Bei starker Pitta-Dominanz sollten vor allem Tomaten, scharfes Gemüse und Spinat gemieden werden.

Hülsenfrüchte: Mit der Ausnahme schwarzer Linsen sind alle Hülsenfrüchte hervorragend für Pitta geeignet.

Obst: Äpfel, Marillen, Zwetschken, Beeren, Birnen, Datteln, Feigen, Mangos, Melonen, Kokosnüsse, Ananas, Orangen, Weintrauben, Trockenfrüchte; für Pitta ist es besonders wichtig, dass die Früchte süß sind.

Milchprodukte: Hüttenkäse, Kuh- und Ziegenmilch, mildes Joghurt. Milchprodukte wirken – mit Ausnahme harter, sehr lange gereifter und würziger Käsesorten – nährend und kühlend auf das Pitta-Dosha.

Nüsse und Samen: Sonnenblumenkerne, hin und wieder Kürbiskerne (alle anderen Sorten sind zu heiß und zu ölig).

Öle und Fette: Ghee, Butter, Oliven-, Sonnenblumen-, Walnussöl.

Süßmittel: Zuckerrohrgranulat, Agavendicksaft, Gersten- und Reismalz, Ahornsirup, Birnendicksaft. Pitta-Menschen sollten Honig meiden, zu viel Zucker kann bei ihnen Hautprobleme und Ausschläge hervorrufen.

Würzen: milder alter Apfelessig, Balsamico, Zitronen- und Limonensaft, verdünntes Tamari und Shoyu, milde Gewürze (z.B. Koriander, Safran, Fenchel, Dille, Gelbwurz, Minze, Rosenwasser).

Getränke: kühlende und bittere Kräutertees, Aloe Vera Saft, milde Obst- und Gemüsesäfte, Kokosmilch, Reisdrink, grüner Tee, Getreidekaffee, Lassi.

Die richtige Ernährung für den Kapha-Typ

Kapha wird von den Eigenschaften schwer, feucht, kühl, unbeweglich und ölig geprägt. Geschmacksrichtungen, die helfen, überschüssiges Kapha zu reduzieren, sind: scharf (erhitzend, austrocknend), bitter (leicht und Gewebe reduzierend) und herb (trocknend und zusammenziehend).

Bei erhöhtem Kapha sollten Sie leichte, trockene und ballaststoffreiche Lebensmittel auswählen, diese salz- und fettarm zubereiten und ausreichend Gewürze verwenden.

Kapha vermehrend sind der späte Winter und das Frühjahr, der Morgen von etwa sechs bis zehn Uhr und der Abend von 18 bis 22 Uhr, zu viel Schlaf, Routine und Regelmäßigkeit, zu geringe Anforderungen, wenig körperliche Bewegung.

Empfehlungen für die tägliche Ernährung:

- ein leichtes oder gar kein Frühstück (stattdessen heißen Tee)
- zwei Mahlzeiten, am besten zu Mittag und am frühen Abend
- keine Zwischenmahlzeiten

- spätestens zwei Stunden vor dem Schlafengehen nichts mehr essen und wenig trinken
- bei Übergewicht hin und wieder eine Mahlzeit auslassen

Typische Kapha-Speisen

Für den Kapha-dominierten Konstitutionstyp eignen sich vor allem folgende Nahrungsmittel:

Getreide: Buchweizen, Mais, Hirse, Quinoa, Roggen, Basmatireis.

Brot und Gebäck: drastisch reduzieren, toasten verringert den Feuchtigkeitsanteil und macht Backwaren leichter und wärmer. Besonders empfehlenswert: Knäckebrot und Reiswaffeln.

Gemüse: Brokkoli, Kohlsprossen, Karfiol, Kohl, Paprika, Mangold, Spinat, grüne Blattsalate, Chicoree, Kartoffeln, trockener Kürbis, Petersilie, Pilze, Rettich, Zwiebel, Karotten, rote Rüben, Sellerie, Pastinaken. Nur selten sollten Tomaten und Gurken auf dem Speiseplan stehen.

Hülsenfrüchte: Adzuki-Bohnen, schwarze Bohnen, rote Linsen, Spalterbsen und Kichererbsen sind hochwertige und fettarme Eiweißquellen für den Kapha-Typ.

Obst: fördert Kapha durch seine Süße und Feuchtigkeit; in Maßen können Äpfel, Birnen, Beeren, Aprikosen, Kirschen, Preiselbeeren, Pfirsiche, Quitten, Mangos und Granatäpfel sowie Trockenfrüchte gegessen werden.

Milchprodukte: Lassi, Ziegenmilch, Frischkäse; generell sind Milchprodukte schwer, kühl und schleimig und fördern deshalb Kapha; sie sollten nur in geringer Menge, verdünnt, eventuell gewärmt und stark gewürzt verzehrt werden.

Nüsse und Samen: hin und wieder Kürbiskerne und Sonnenblumenkerne, am besten ohne Fett geröstet.

Öle und Fette: Ghee, Olivenöl, Sonnenblumenöl; alle Öle sehr sparsam verwenden und erst nach dem Kochprozess zufügen. Nicht völlig auf Fett verzichten, da sonst Verdauung und Vitaminaufnahme blockiert werden.

Süßmittel: kalt geschleuderter Honig (Waldhonig hilft bei Verkühlungen, Rapshonig unterstützt die Leberfunktion), Birnen- und Apfeldicksaft, insgesamt nicht mehr als zwei Esslöffel täglich.

Würzen: Salz hält Flüssigkeit im Körper zurück und sollte reduziert werden; bevorzugen Sie Kräutersalz, Gomasio, Sojasauce und Miso. Auch Essig und andere Säuerungsmittel nur in geringer Menge verwenden. Schöpfen Sie dafür bei Gewürzen und Kräutern aus dem Vollen.

Getränke: bittere, herbe und kräftige Kräuter- und Gewürztees, Pflanzensäfte aus Brennnessel, Löwenzahn, Schafgarbe und Rettich; bei Bedarf auch hin und wieder Bohnenkaffee (als kurzen Espresso) oder Schwarztee.

Aus der Praxis der ayurvedischen Gesundheitsberatung Birgit Heyns

Vielleicht erkennen Sie sich in einem der folgenden Beispiele wieder und erhalten auf diese Weise Anregungen für mögliche Verhaltenskorrekturen.

Dorit – kreativ und sensibel

Dorit kommt zu einem Beratungsgespräch, weil sie unter innerer Unruhe, Blähungen und Verstopfung leidet. Außerdem fühlt sie

sich mit einigen Kilo Übergewicht zu schwer. Sie trägt weite Pullover, die ihre Figur verhüllen, ihre Sprache und ihr körperlicher Ausdruck sind lebhaft.
Ihre Arbeit als Schauspielerin bringt ein unregelmäßiges Leben mit sich. Ihr wunderbares, kreatives und kommunikatives Vata wird durch diese Unregelmäßigkeit leicht erhöht, was zu einer Störung insbesondere im Bereich des Apana-Vata führt. Apana-Vata, ein sogenanntes «Sub-Dosha», sitzt im Unterbauch und umfasst Dickdarm, Blase, die inneren und die äußeren Geschlechtsorgane. Es regelt die Ausscheidung, das Loslassen, die innere Ruhe und die Aufnahme der Lebensenergie Prana aus dem Dickdarm. Dieses Prana stärkt die Nerven und führt zu innerer Balance.

Mein Vorschlag lautet:
Vata-Ernährung in Zeiten besonderer Belastung, um Kraft und Ausdauer zu bekommen. Um die Verschlackungen und Fettpölsterchen loszuwerden und auch die Übersäuerung zu reduzieren, die durch das beruhigende Glas Wein nach den Vorstellungen am Abend gefördert wird, empfehle ich Kapha-Entschlackungstage in den Produktionspausen.

Für die regelmäßige Unterstützung ihres erregten Vata soll sie täglich einen halben Liter Tee aus folgenden Kräutern trinken: Eibischblätter, Orangenblüten, Johanniskraut, Melisse und Fenchel.

Barbara – zurückhaltend und freundlich

Barbara friert leicht, sie leidet unter kalten Händen und Füßen und unter Verspannungen im Schulter- und Nackenbereich. Sie hat einen zarten Körperbau, wenig Gewicht und nimmt schwer zu. Ab und zu meldet sich auch die Niere mit Krämpfen. Sie isst regelmäßig, nicht besonders viel und trinkt wenig.

Bei ihrer Arbeit macht sie alles genau, liebevoll und bleibt stets freundlich. Sie schätzt die Routine und lässt nur ungern Neues zu. Stellen sich zu viele Aufgaben auf einmal, fühlt sie sich überfordert und reagiert mit Langsamkeit und Rückzug.
Ihre Ausdauer, Ruhe und Freundlichkeit verdankt sie einem ausgeprägten Kapha, das sie durch ein Übermaß an Toleranz und Liebe auch begrenzen und einengen kann, wenn Feuer und Wind schwach sind. Diese beiden Elemente müssen verstärkt werden, damit das Feuer wärmen und leuchten kann und die Starre sich löst.

Mein Vorschlag lautet:
Eine Vata-Ernährung mit anregenden und wärmenden Kapha-Gewürzen. Leichte, gut gewürzte Kost, viele warme Suppen und Tees, mehrere kleine Mahlzeiten am Tag, um das Verdauungsfeuer nicht zu überlasten.

Morgens und mittags ein Kräutertee, der Agni anregt: Hibiskus, Zimt, Galgant, Rosmarin, Sternanis; abends ein wärmender und spannungslösender Tee aus Johanniskraut mit Fenchel, Ingwer und Gewürznelken.

Berta – erfolgreich und ständig arbeitend

Berta steht gerne früh auf und ist gleich voller Tatendrang. Sie liebt es, zu organisieren, Mitarbeiter zu motivieren und immer wieder Neues zu initiieren. Sie kämpft eine Sache durch, doch kostet sie dies auch viel Kraft und erschöpft sie sehr. Denn immer wieder leidet sie unter Schlafstörungen. Sie wacht dann zwischen drei und vier Uhr am Morgen auf und kann nicht mehr einschlafen. Alle unerledigten Aufgaben werden im Geiste durchgearbeitet. Müde und unruhig beginnt ihr Tag. Natürlich fehlt ihr die nächtliche Regeneration und sie kann ihr Energieniveau nur mit viel Kaffee und scharfem Essen aufrecht halten.

Sie wird zwar wacher, doch der Blutdruck steigt, Blähungen, Durchfall und Hautrötungen führen zu steigendem Unbehagen.

Berta hat eine ausgeprägte Vata-Pitta-Konstitution, die ihr dieses motivierte Leben, ihre Kreativität und das Durchsetzen ihrer Ideen ermöglicht.

Mein Vorschlag lautet:
Im Allgemeinen bleibt Berta mit einer Pitta-Ernährung am besten im Gleichgewicht (kein Kaffee, wenig Alkohol, nichts zu Scharfes und zu Saures). Doch in Phasen erhöhten Vatas, das sich in ihren Schlafstörungen manifestiert, muss sie für einige Zeit Vata-Diät halten (vermehrt auf Regelmäßigkeit achten, vor allem abends leichtes, warmes Essen).

Und abends einen beruhigenden Tee gegen Schlafstörungen trinken: Haferstroh, Hopfen, Melisse, Orangenblüten, Lavendel und Rosenblätter.

Marta – Kochen für die Familie

Marta erklärt mir, bei ihr zu Hause – sie hat Mann und drei Kinder – hätte jeder eine andere Ausprägung der Konstitution. Und sie könne doch nicht für jeden extra kochen. Es ist ein Glück, dass Marta Zeit hat und gerne kocht.

Um ein für jedes individuelle Dosha entsprechende Mahl servieren zu können, bringt Marta die Vielfalt eines indischen Tali (einer Platte) auf den Tisch: Im Zentrum platziert sie Reis (oder Kochdinkel, Weizen, Hafer, Quinoa, Kartoffeln) und rundum reihen sich Suppe, Rohkost, gedünstetes mildes und scharfes Gemüse, ein Gericht mit Eiweiß (Linsen, Bohnen, Fisch, Eier, Fleisch, Joghurt) und ein süßes Gericht. Aus dieser Palette kann sich nun jeder das ihm Gemäße auswählen.

Ingrid – die Eilige

«Wenn ich nach der Arbeit hungrig nach Hause komm, muss es schnell gehen und dann wird gekocht, was gerade da ist. Oder ich schaue noch rasch im Supermarkt vorbei und kaufe, was mir in die Hände fällt. Wie soll ich bei wenig Zeit ausgewogen essen?» Ingrid ist gut organisiert und hervorragend in ihrem Job. Jedoch die Aufnahme von Nahrung war bis jetzt mehr ein notwendiges Übel als Genuss und bewusstes Essen. Müdigkeit, nachlassende Energie und steigende Lustlosigkeit waren ihre Motivation, zur Beratung zu kommen.

Ich erinnere sie an ihr Talent für Organisation, mit dem sie spielend alle Aufgaben im Büro bewältigt. Daran anknüpfend erstellen wir einen Menüplan für einen Monat. Seine Basis ist eine wöchentliche Einkaufsliste, die Ingrid ein bis zwei Mal pro Woche auf den Markt und einmal ins Biogeschäft führt. Nun ist alles zeitgerecht zu Hause und das Menü muss nicht mehr täglich überlegt werden.

Ingrid weiß, worauf sie sich freut, und hat alles zur Hand. Jetzt ist ihre Ernährung ausgewogen mit frischem Gemüse, Vollkorngetreide, kalt gepressten Ölen und genügend Eiweiß, das sie als Hülsenfrüchte, Milchprodukte, Eier, Fisch und manchmal auch Fleisch zu sich nimmt.

Sie fühlt sich motiviert und angeregt. Zur Belebung trinkt sie statt Kaffee folgende Kräutermischung: Rosmarin, Zitronengras, Ingwer, Steinklee und Hibiskus.

DIE REZEPTE

Bevor Sie zu kochen beginnen, das Wichtigste noch einmal im Überblick:

Wählen Sie vorwiegend	**für die Vata-Konstitution**	**für die Pitta-Konstitution**	**für die Kapha-Konstitution**
Mahlzeiten mit den Eigenschaften	warm, befeuchtend, nährstoffreich, erdend, ölig	trocken, kühlend, mild, ausreichend	heiß, trocken, leicht
Mahlzeiten mit dem Geschmack	sauer, salzig, neutral (süß)	neutral (süß), bitter, herb	scharf, bitter, herb

Die richtige Zubereitung ist für den Ausgleich eines Doshas sinnvoller als die Auswahl «richtiger» Lebensmittel. Denn auch «trockene» Hirse können Sie mit ein bisschen Fett- und Flüssigkeitszugabe dem Vata-Dosha anpassen, «kühles, feuchtes» Gemüse wie Gurke durch pikantes Würzen für Kapha wärmer und leichter machen. Auf diese Weise fällt es nicht schwer, für Menschen verschiedener Konstitutionen zugleich zu kochen.

Die Einteilung in Doshas ist ein relativ grobes Raster, das anfänglich das Lernen des ayurvedischen Kochens erleichtern soll. Lernen Sie mit der Zeit immer mehr auf Ihre aktuellen Bedürfnisse zu achten, indem Sie die Eigenschaften der Mahlzeiten ihren Wünschen anpassen. Verwenden Sie Lebensmittel aus biologischem Anbau. Eine optimale Qualität ist die Grundlage gesunder ayurvedischer Ernährung.

Verzichten Sie auf die Mikrowelle, sie zerstört auch in den besten Lebensmitteln Prana, die Lebenskraft.

Eine Möglichkeit, Mahlzeiten dem jeweiligen Dosha anzupassen, sind Gewürze. Individuelle Gewürzmischungen zu kreieren gehört im asiatischen Raum zum Stolz einer guten Köchin. In der Kräuterdrogerie haben wir drei Mischungen zusammengestellt, die ein überhöhtes Dosha vermindern helfen. Mit diesen Gewürzmischungen können Sie Speisen und Getränke würzen (auch nachträglich).

Vata-Gewürzmischung (reduziert Vata)

Liebstöckel: regt das Verdauungsfeuer an
Fenchel: vermindert Blähungen
Bockshornkleesamen: wirkt einhüllend
Basilikum: entspannt
Zimt: bringt Wärme
Lavendel: beruhigt die Nerven

Pitta-Gewürzmischung (reduziert Pitta)

Koriander: dämpft übermäßiges Feuer, beruhigt den Darm
Kardamom: hilft gegen Sodbrennen
Kreuzkümmel: wirkt entkrampfend, besonders auf die Gallenblase
Gewürznelke: desinfiziert
Süße Orangenschale: kühlt und erfrischt
Salbei: ist zusammenziehend und lindert Entzündungen

Kapha-Gewürzmischung (reduziert Kapha)

Lorbeer: regt Agni an und stärkt den Magen
Muskat: fördert geistige Beweglichkeit
Ingwer: erwärmt und durchblutet
Anis: wirkt schleimlösend
Thymian: bringt Hitze und regt an
Rosmarin: macht munter und bringt den Kreislauf in Schwung
Wacholder: entwässert

Allgemeine Hinweise: Die Rezepte (mit einigen Ausnahmen wie Kuchen) sind jeweils für vier Personen berechnet.

Wichtige Abkürzungen:
EL = Esslöffel
TL = Teelöffel
Msp. = Messerspitze
Pck. = Packung
ml = Milliliter (125 ml = 1/8 Liter; 250 ml = ¼ Liter;
500 ml = ½ Liter etc.)
geh. = gehäuft
g = Gramm
kg = Kilogramm
l = Liter

An dieser Stelle sei darauf hingewiesen, dass die Mengenangaben – vor allem zur Bemessung der Gewürze – lediglich Richtwerte sind, die vom Dosha des Essers ebenso abhängen wie vom persönlichen Geschmack. Abweichungen können auch durch Unterschiede zwischen Produkten entstehen.

WARME UND KALTE GETRÄNKE

Warme Getränke (z.B. warmes Wasser), schluckweise und in kleinen Mengen zu einer Mahlzeit genossen, lockern die Speisen auf und können vor allem Vata bei einer gründlichen Verwertung der Nahrung unterstützen. Aperitifs regen den Appetit an und Digestifs vermehren die Säfte der Verdauung nach einem Essen.

Ayurvedische Warmwasser-Trinkkur

Zutaten: 1,5 l Wasser
½–2 TL getrockneter oder frischer Ingwer, klein geschnitten

Zubereitung und Anwendung: Köcheln Sie jeden Morgen 15 Minuten das Wasser mit einer kleinen Menge Ingwer, lassen es auf warme Trinktemperatur abkühlen und füllen es in eine Thermoskanne. Von diesem Getränk nehmen Sie jede halbe Stunde ein paar Schluck zu sich.
Diese Anwendung hilft, den Darm sanft zu säubern, regt die Peristaltik an und reguliert die Verdauung. Blähungen werden gemildert, der Magen-Darm-Trakt entspannt sich.
Ingwerwasser können Sie ständig zu sich nehmen – es passt auch zu allen Mahlzeiten – oder als Kurgetränk über mindestens 4 Wochen.
Wenn Sie stark Pitta-dominiert sind, trinken Sie das abgekochte Wasser ohne Ingwer lauwarm über den Tag verteilt.

Hinweise: In der ayurvedischen Medizin wird die *Ingwerwurzel* seit Jahrtausenden als wichtiges Heilmittel eingesetzt. *Ingwer* gilt als «universelle» Medizin und als «sattwisch». Ingwer wirkt magenstärkend, anregend, krampflösend, erwärmend und stärkt das Immunsystem. Der Geschmack ist süßlich-scharf und ein bisschen zitronig. Ingwer kann als Gewürz für pikante und süße Speisen verwendet werden, köstlich schmeckt auch kandierter Ingwer. In der richtigen Dosierung ist Ingwer für alle drei Doshas geeignet.
In der ayurvedischen Medizin wird unterschieden: Für Heilzwecke wird vor allem getrockneter Ingwer verwendet, der durch seinen süßen Geschmacksanteil milder und besser verträglich ist als frischer.

KRÄUTER- UND GEWÜRZTEES

Tees sind Begleiter durch den Tag, die mithelfen, die Doshas auszugleichen und den Stoffwechsel zu stärken. Im Folgenden finden Sie sechs Kompositionen aus Heilpflanzen, die sich in der europäischen Kräuterheilkunde seit langer Zeit bewähren und die auf die Konstitutions-Typen Rücksicht nehmen. Die ersten drei Mischungen sind besonders wohlschmeckend und für den täglichen Bedarf gedacht.
Die drei ayurvedischen Entschlackungstees werden drei bis vier Wochen lang getrunken und unterstützen die Reinigungsprozesse des Körpers.

Vata-Tee

Diese Mischung befeuchtet, regeneriert und gleicht ein Zuviel an Vata aus: Ringelblume, Malve, Kamille, Anis, Eibisch, Koriander, Apfel.

Tipp: Jede dieser Pflanzen kann auch einzeln als Tee getrunken werden. Zum Süßen eignen sich Rosinen, Malz, Honig.

Pitta-Tee

Diese Mischung kühlt, beruhigt und gleicht ein Zuviel an Pitta aus: Rose, Himbeerblätter, Lemongrass, Melisse, Kornblume, Heidelbeere; lauwarm bis kühl trinken, nur kurz ziehen lassen.

Tipp: Von diesen Pflanzen können außer Heidelbeeren (nur bei Durchfall) und Kornblume alle Pflanzen auch einzeln als Tee getrunken werden. Zum Süßen eignen sich Ahornsirup, Zuckerrohrgranulat und Birnendicksaft.

Kapha-Tee

Diese Mischung wärmt, regt an und gleicht ein Zuviel an Kapha aus: Rosmarin, Ingwer, Brombeerblätter, Quendel, Fenchel, Hagebutte, Rittersporn, Ringelblume.

Tipp: Davon eignen sich als einzelne Tees bei ausgeprägter Kapha-Konstitution besonders Rosmarin (Achtung: Kann den Blutdruck erhöhen), Quendel (eine einheimische, wärmende Thymian-Art), Ingwer und Fenchel. Wenn der Tee heiß getrunken wird, soll er nicht gesüßt werden. Wenn er unter 40 °C abgekühlt ist, kann man ihn mit etwas Honig zu sich nehmen.

Milder Vata-Entschlackungstee

Eine Mischung aus Basilikum, Eibischwurzel, Fenchel, Ingwer, Kalmus, Gewürznelke, Poleiminze, Süßholz und Wacholder.
Menschen mit Vata-Konstitution müssen besonders darauf achten, dass sie trotz einer Entschlackung nicht «austrocknen», deshalb sind in dieser Mischung neben wärmenden und reinigenden auch befeuchtende Heilpflanzen enthalten.

Kühlender Pitta-Entschlackungstee

Eine Mischung aus Zinnkraut, Artischocke, Löwenzahn, Pfefferminze, Schafgarbe, Rosenblüten. Für Menschen mit Pitta-Konstitution und ihrem manchmal überschießenden Temperament ist es wichtig, dass sie durch Bitterstoffe regelmäßig ihre Leber – und damit das Blut – reinigen und ein bisschen «abkühlen». Das angenehme Aroma von Pfefferminze und Rose ergänzt die etwas bitteren Kräuter dieses Tees und macht ihn gut trinkbar.

Anregender Kapha-Entschlackungstee

Eine Mischung aus Rosmarin, Alant, Beifuß, Ingwer, Petersilienwurzel, Thymian. Wenn die Energie Kapha im Organismus überwiegt, braucht der Stoffwechsel neuen Schwung. Diese Heilpflanzen wärmen, reinigen und entwässern.

Rooibostee (Rotbusch)

Ein ausgezeichneter Tee, der sich auch hervorragend als Getränk bei Tisch eignet, ist Rooibostee. Er ist neutral im Geschmack, kann warm und kühl getrunken werden und enthält viele Mineralstoffe. Durch Mischen mit Gewürzen und Getränken kann er vielen Gelegenheiten angepasst werden. Dazu ein paar Beispiele:

Mit Ingwer, Gewürznelke, Zimt, Kardamom: wärmend.

Mit Rosenwasser, Milch oder Reisdrink: kühlend.

Mit Orangen- und Zitronensaft, Hibiskusblüten und Hagebutten: säuerlich.

Gewürztees

Getränke, die im Winter immer beliebter werden, sind die verschiedenen Gewürztees, etwa Yogi-Tee oder der «Agni-Tee» aus der Kräuterdrogerie. Auch diese – grundsätzlich scharfen, erhitzenden Zubereitungen können den Doshas angepasst werden:

Für Vata: Mit Milch oder Haferdrink: mildern den scharfen, austrocknenden Geschmack.

Für Pitta: Mit Wasser verdünnen und etwas Reisdrink zusetzen: lindert Schärfe und Hitze.

Für Kapha: Pur trinken.

Guduchi

Tinospora cordifolia, wie diese Pflanze auf Latein heißt, ist ein Tee der ayurvedischen Medizin, der mittlerweile auch bei uns in guter Qualität erhältlich ist. Sein zweiter Name ist Amrta – was «Nektar» bedeutet. Guduchi soll verjüngend wirken und Ojas vermehren.

ERFRISCHENDE LASSIS

Lassis sind Joghurt-Getränke, die köstlich schmecken, dem Darm wohl tun und die Doshas ausgleichen helfen. Sie sollten wohltemperiert getrunken (und nicht gekühlt) werden: entweder zum Essen (v. a. Gewürzlassis), nach dem Essen (statt eines Desserts) oder auch als erfrischende Zwischenmahlzeiten.

Vata-Lassi (bei schwacher Verdauung)

Zutaten:

1 TL Vata-Gewürzmischung
1 TL Kreuzkümmel
500 ml lauwarmes Wasser
1 EL Honig
2 TL Zitronensaft
150 ml Sauerrahm
350 ml Joghurt 3,6%
(oder Bifidus oder Acidophilus)

Zubereitung: Die Gewürze mit etwas heißem Wasser aufgießen, einige Minuten ziehen lassen, damit sich das Aroma entfaltet. Das lauwarme Wasser zugießen, Honig und Zitronensaft hinzufügen. Sauerrahm und Joghurt kräftig unterrühren.
Wenn Sie das Lassi 30 Minuten ziehen lassen, intensiviert sich sein Geschmack.

Pitta-Lassi

Zutaten:

1 TL Pitta-Gewürzmischung
1 TL Koriander
2 EL Birnendicksaft od. Zuckerrohrgranulat
150 g Hüttenkäse oder Sauerrahm
350 ml Joghurt 3,6%
(oder Bifidus oder Acidophilus)
500 ml Wasser

Zubereitung: Die Gewürze mit etwas heißem Wasser aufgießen, einige Minuten ziehen lassen, damit sich das Aroma entfaltet. Die übrigen Zutaten einrühren und mit der Schneerute oder dem Mixer schaumig rühren.
Wenn Sie das Lassi 30 Minuten ziehen lassen, intensiviert sich sein Geschmack.

Kapha-Lassi

Zutaten:

1 TL Kapha-Gewürzmischung
¼–½ TL Trikatu (oder schwarzer Pfeffer, frisch gemahlen)
600 ml lauwarmes Wasser
2 EL Honig
400 ml Joghurt

Zubereitung: Die Gewürze mit etwas heißem Wasser aufgießen, einige Minuten ziehen lassen, damit sich das Aroma entfaltet. 250 ml vom lauwarmen Wasser zugießen, den Honig zufügen. Joghurt und restliches Wasser schaumig rühren und zum Wasser geben. Gut durchrühren.
Wenn Sie das Lassi 30 Minuten ziehen lassen, intensiviert sich sein Geschmack.

Safran-Getränk (stärkend)

Zutaten:

½ Vanilleschote
800 ml Milch (für Vata)
oder Reisdrink (für Pitta)
12–20 Fäden Safran
1–2 EL Zuckerrohrgranulat
2 EL Rosenwasser

Zubereitung: Die Vanilleschote der Länge nach aufschneiden und das Mark auskratzen. Mit Milch (Reisdrink) und Safranfäden 15 Minuten auf kleiner Flamme köcheln. Zucker unterrühren und auskühlen lassen. Die Flüssigkeit abseihen und mit dem Rosenwasser verrühren.

Chai (belebend und wärmend)

Zutaten:

1 TL Kardamomsamen
5 Gewürznelken
½ TL schwarze Pfefferkörner
1 TL Ingwer, gemahlen
1 Zimtstange
1 l heißes Wasser
1 TL schwarzer Tee
500 ml Milch, Soja- oder Reisdrink
2–4 EL Zuckerrohrgranulat

Zubereitung: Kardamom, Nelken und Pfeffer im Suribachi (Mörser) grob mahlen. Einen Edelstahltopf erhitzen, alle Gewürze darin rösten, bis sie zu duften beginnen. Mit heißem Wasser übergießen und 15 Minuten köcheln. Den Tee hinzufügen, 5 Minuten ziehen lassen. Die Milch zufügen, weitere 5 Minuten köcheln und vom Herd nehmen. Abseihen und süßen.

Hinweis: Als *Kardamom* bezeichnet man die aromatischen Samenschoten eines Strauchs, der im tropischen Asien beheimatet ist. Die Schoten, die kleine schwarze Samen enthalten, werden gepflückt, bevor sie reif sind, und dann getrocknet.
Wie Ingwer und Safran gilt auch *Kardamom* als «sattwische» Heilpflanze mit ausgleichender Heilwirkung und kann für süße ebenso wie für pikante Gerichte verwendet werden. Die dunklen Samen des Kardamom werden gerne zu Tee und Kaffee gegeben, um diese koffeinhältigen Getränke besser verträglich zu machen.

GHEE: EIN TRADITIONELLES HEILMITTEL

Ghee ist nicht nur ein fantastisches Fett zum Kochen und Braten, sondern gilt in der ayurvedischen Medizin als traditionelles Heilmittel. In Maßen genossen, löst es Blockaden im Körper und hilft bei der Ausscheidung von Giftstoffen. Besonders bei erhöhtem Vata und den daraus resultierenden Problemen (Blähung und Verstopfung) sollte es regelmäßig genossen werden.

Zutaten/Utensilien: 500 g Butter
1 Metallsieb
1 feines Tuch
(z.B. Verbandmull oder Stoffwindel)
1 leeres 500-ml-Glas mit Schraubdeckel, heiß gewaschen und gründlich getrocknet

Zubereitung: Die Butter in Stücke schneiden und in einem Topf mit dickem Boden schmelzen. Anschließend bei niedriger Hitze köcheln lassen, bis das Eiweiß auf den Boden gesunken und die Butter völlig klar ist (dauert etwa 20 Minuten). Der ideale Zeitpunkt ist gekommen, wenn das Eiweiß ganz zart gebräunt ist.

Den Topf vom Herd nehmen, den Schaum abschöpfen und das Ghee langsam durch das mit dem Tuch ausgelegte Sieb ins Glas füllen und verschließen.

EINFACHE FRÜHSTÜCKSREZEPTE

Ein vollwertiges, nahrhaftes Frühstück ist für Menschen mit *Vata-Konstituion* besonders wichtig, damit sie genügend Kraft für den Tag haben, ihr Blutzuckerspiegel konstant bleibt und ihre Nerven ausreichend Stärkung erhalten. Damit das Verdauungsfeuer im Gleichgewicht bleibt, sind warme Breie – süß oder pikant – am Morgen ein idealer Beginn, sie sind schnell zubereitet.

Ebenso eignen sich leichte Suppen oder Dhals, besonders mit Miso und Sojasauce, die dem Darm auf die Sprünge helfen. Mit Brot und Gebäck sollte man sparsam sein, da viele Sorten Hefe enthalten, was bei Vata zu Blähungen führen kann.

Menschen mit *Pitta-Konstitution* haben gerne schon morgens etwas Kräftiges, um ihr Agni zu beschäftigen, und benötigen Eiweiß. Sie können den Tag beispielsweise mit Tofu- oder Getreidelaibchen beginnen, mit einem Dhal oder mit Brot und einem Aufstrich, dazu etwas rohes Gemüse. Auch ein süßer Hirsebrei ist gut für den Tagesanfang.

Da das Frühstück meist in die «Kapha-Tageszeit» fällt (zwischen sechs und zehn Uhr), Menschen mit *Kapha-Konstitution* oft schwer in Schwung kommen und morgens wenig Appetit haben, können sie auf ein üppiges Frühstück verzichten. Gut sind am Morgen warme, würzige Getränke wie z.B. Ingwerwasser, Rosmarintee (kurbelt schwachen Blutdruck an) oder – vor allem im Winter – Gewürztee. Würzen Sie kräftig und verwenden stark verdünnte Milch (bzw. Reisdrink) oder ausschließlich Wasser zum Kochen.

Nachdem es ja so gut wie nie «reine» Konstitutionstypen gibt, können Sie gut zwischen den Rezepten abwechseln und sie nach Ihren Bedürfnissen auswählen und kombinieren. Alle Frühstücksrezepte eignen sich ebenso gut als Zwischenmahlzeit oder leichtes Abendessen.

Breie können Sie aus Hirse, Buchweizen, Quinoa, Reis, Grieß, Flocken und feinem Schrot aller Getreidesorten (besonders rasch!) zubereiten.

Kombinieren Sie sie mit folgenden Flüssigkeiten: Milch (Vata, Pitta), verdünnte Sahne (Vata), Reismilch (Vata, Pitta, Kapha), Sojamilch (Vata, Pitta), Haferdrink (Vata, Pitta), Wasser (Kapha).

Wenn Sie einmal ganz wenig Zeit zum Kochen haben, verwenden Sie Instant-Babybrei.

Grundrezept Brei (für eine Person)

Zutaten:

250–350 ml Flüssigkeit
50g Grieß, Flocken oder feiner Getreideschrot
1 winzige Prise Salz

Zubereitung: Flüssigkeit aufkochen, Grieß oder Flocken unter ständigem Rühren einstreuen, salzen, eine Minute köcheln lassen, vom Herd nehmen und zugedeckt quellen lassen.

Süße Breie verfeinern Sie mit:

- Gewürzen wie Zimt, Ingwer, Kardamom, Vanille
- Rosinen oder klein geschnittene Trockenfrüchten wie Pflaumen, Feigen, Marillen, die Sie entweder mitkochen oder vor dem Quellen einrühren
- Mandeln, Haselnüssen oder Cashewkernen
- Nuss- oder Mandelmus (kurz vor dem Essen einrühren)
- Agavensirup, Malz, Zuckerrohrgranulat, Birnendicksaft
- Honig (erst einrühren, wenn der Brei nicht mehr heiß ist)
- Kokosflocken
- Leinsamen (falls die Verdauung Unterstützung braucht)
- reifem gedünstetem oder gebratenem Obst in kleinen Stücken (Äpfel, Bananen, Mangos, Pflaumen, Marillen)

Hinweise: *Honig* hat im Ayurveda einen ganz besonderen Stellenwert. Er gilt als sattwisches, also besonders wertvolles Lebensmittel. Schon in den klassischen Schriften werden acht verschiedene Sorten Honig und ihre therapeutische Verwendung beschrieben.

Dem Geschmack nach ist Honig süß und zusammenziehend (herb), seine Energie ist heiß. Das macht ihn zum einzigen empfehlenswerten Süßungsmittel, wenn man Kapha reduzieren will (1–2 EL pro Tag). Durch seine Hitze ist er gut für Vata, bei erhöhtem Pitta soll man Honig nur selten essen.

- Beim Backen soll man Honig nicht verwenden, da erhitzter Honig Ama (Schlackenstoffe, die Blockaden verursachen) erzeugt.
- *Mandeln* sind ebenfalls ein wunderbares sattwisches Nahrungsmittel. Zehn geschälte Mandeln, einige Stunden in Wasser eingeweicht, decken den Tagesbedarf an wichtigen Nährstoffen (sie enthalten Kalium, Kalzium, Phosphor, Magnesium und Eisen).

Pikante Breie verfeinern Sie mit:

- Gewürze wie Ingwer, Kreuzkümmel, Koriander oder Curry
- Gemüsebrühe
- Miso, Shoyu, Tamari
- gedünstetem, klein geschnittenem Gemüse
- Gemüsepürees
- frischen Kräutern
- Tofu

AUFSTRICHE FÜRS BROT UND ZUM DIPPEN

Vielen Menschen, die von herkömmlicher Ernährung auf eine vorwiegend vegetarische Kost umsteigen möchten, fällt es anfangs schwer, auf Wurst zu verzichten, ohne in der Folge zuviel Käse zu essen – der ja relativ schwer verdaulich ist und Kapha rasch ansteigen lässt. Hier finden Sie Aufstriche, die einfach zuzubereiten sind und sich im Kühlschrank einige Tage halten. Wenn sie aus Hülsenfrüchten bzw. Tofu bestehen, sind sie reich an Eiweiß.

Tipps: Achten Sie beim Einkauf der *Hülsenfrüchte* darauf, dass Sie nur solche aus biologischem Anbau verwenden. Sie sind besser verträglich. Wenn sie die Hülsenfrüchte über Nacht einweichen, verkürzt sich die Kochzeit (nicht zu empfehlen bei geschälten Hülsenfrüchten). Vor dem Kochen müssen die Hülsenfrüchte gut abgespült werden, das Einweichwasser sollten Sie nicht mehr verwenden.

Wenn Sie keine Zeit zum Einweichen haben, hilft folgender Trick: Geben Sie die Hülsenfrüchte in einen Topf und bedecken Sie sie mit kaltem Wasser. Zum Kochen bringen, Topf vom Herd nehmen und zugedeckt eine Stunde stehen lassen. Gießen Sie das Einweichwasser weg, spülen Sie die Hülsenfrüchte und kochen Sie in frischem Wasser gar.

Salzen Sie Hülsenfrüchte immer am Ende des Kochvorganges.

Wenn Sie ein Stück Kombualge mitkochen, werden die Hülsenfrüchte schneller weich und der Mineralstoffanteil der Mahlzeit steigt.

Damit Agni, unser Verdauungsfeuer mit den Hülsenfrüchte «fertig» wird, sollten Sie reichlich würzen und zuletzt noch etwas Essig oder Zitronensaft zufügen.

Adzukibohnenpaste mit Kräutern

Zutaten:

100 g Adzukibohnen
½ TL Bohnenkraut
1 EL Olivenöl
1 TL Senfkörner
1 Bund Frühlingszwiebel - kleingehackt (ein paar hauchdünne grüne «Ringerl» für die Garnitur aufbewahren)
Je ¼ TL Kräuter der Provence und Majoran
1 Knoblauchzehe gepresst
Salz
TL Trikatu
Tamari
dünne Zitronenscheibe

Zubereitung: Adzukibohnen über Nacht einweichen lassen. Am nächsten Tag mit frischem Wasser und Bohnenkraut gar kochen. Zum Abtropfen in ein Sieb geben.
Das Olivenöl erhitzen und die Senfkörner darin anrösten, bis sie platzen, dabei gelegentlich umrühren. Frühlingszwiebel zufügen, mit Kräutern der Provence, Majoran und Knoblauch würzen und gar dünsten. Abkühlen lassen.
Alle Zutaten miteinander vermischen, pürieren und mit Salz, Trikatu und Tamari abschmecken. Zum Schluss die Bohnenpaste mit einer hauchdünnen Scheibe Zitrone und den grünen Frühlingszwiebelringen garnieren.

Tipp: Dazu passt getoastetes Brot.

Hinweis: Die *Adzukibohne* ist eine aus Japan importierte Bohnenart mit kernig festen, kleinen, roten Bohnen von süßlichem Geschmack.

Kräutertopfen mit Kresse

Zutaten:

250 g Topfen
125 ml Joghurt 3,6%
2 EL Obers
½ TL Honig
Kräutersalz
Schwarzer Pfeffer, frisch gemahlen
1 Bund Schnittlauch, fein geschnitten
½ Kästchen Kresse

Zubereitung: Topfen mit Joghurt und Obers cremig rühren, Honig, Salz, Pfeffer und Kräuter hinzufügen, gut verrühren. Mit Schnittlauch bestreut servieren.

Grünkernaufstrich

Zutaten:

1 Tasse Gemüsebrühe
1 Lorbeerblatt
½ TL Majoran
½ Tasse Grünkern, fein geschrotet
1 Zwiebel, fein gehackt
1 EL Oliven- oder Rapsöl
1 Knoblauchzehe, gepresst
1 TL Senf
1 Prise Muskatnuss, frisch gerieben
1 Prise Paprikapulver edelsüß
Salz
Schwarzer Pfeffer, frisch gemahlen

Zubereitung: Die Gemüsebrühe mit Lorbeerblatt und Majoran aufkochen, Grünkern einrühren.

Einige Minuten köcheln, vom Herd nehmen. Mindestens ½ Stunde zugedeckt quellen lassen. In der Zwischenzeit Zwiebel im Öl weich dünsten.

Nachdem der Grünkernschrot ausgekühlt ist, das Lorbeerblatt entfernen. Schrot und Zwiebel mit Knoblauch, Senf, Muskat und Paprika pürieren, eventuell noch etwas Wasser oder Gemüsebrühe zufügen. Mit Tamari, Salz und Pfeffer abschmecken.

Indischer Linsenaufstrich

Zutaten:

150 g braune Linsen
2 Knoblauchzehen in der Schale
1 kleine Zwiebel, fein gehackt
2 EL Olivenöl
1 Prise Gelbwurz (Kurkuma), gemahlen
1 Prise Gewürznelke, gemahlen
1 Prise Ingwer, gemahlen
1 Prise Zimt, gemahlen
½ TL Kreuzkümmel, gemahlen
Salz
Schwarzer Pfeffer, frisch gemahlen
1 TL Limetten- oder Zitronensaft
Einige hauchdünne Streifen Limetten- oder Zitronenschale

Zubereitung: Die Linsen waschen und mit den Knoblauchzehen gar kochen. Zum Abtropfen in ein Sieb geben. Die Zwiebel in Öl andünsten, die Gewürze hinzufügen und kurz mitdünsten.

Zusammen mit den Linsen pürieren und mit Salz, Pfeffer und Limetten- oder Zitronensaft abschmecken. Mit den gelben oder grünen Streifen garnieren und mit frischem schwarzem Pfeffer bestreuen.

Hinweise: *Kurkuma (Gelbwurz)* ist ein leuchtend gelbes Pulver, das aus den getrockneten Wurzeln einer tropischen, mit dem Ingwer verwandten Pflanze gemahlen wird. Bei der Dosierung sollte man zurückhaltend sein, da das sehr erdige Aroma schnell dominiert. Die leicht bitteren Inhaltsstoffe verbessern Leberfunktion und Gallefluss, Eiweiß- und Fettverdauung (Cholesterin).

Linsen sind eine gute Eiweißquelle. Braune Linsen haben einen nussartig milden Geschmack. Rote Linsen, häufig in der asiatischen Küche verwendet, sind geschält und deshalb leicht verdaulich. Sie eignen sich besonders als Nahrungsmittel für die Vata-Konstitution.

Tofu-Karottencreme

Zutaten:

2 Karotten, fein geraffelt
2 EL Haselnüsse, fein gerieben
1 EL Ghee oder Butter
200 g Tofu natur oder geräuchert, je nach Geschmack
1 Prise Cayennepfeffer
1 TL Zitronensaft
Salz

Zubereitung: Karotten und Haselnüsse in Ghee oder Butter weich dünsten, mit Tofu zu einer Paste pürieren und mit Cayennepfeffer, Zitronensaft und Salz abschmecken.

Tipp: Dies ist ein besonders leichter Aufstrich, der auch bei Vata-Konstitution gut vertragen wird.

Kichererbsenpaste (Hummus)

Zutaten:

200 g Kichererbsen
1 Lorbeerblatt
3 EL Olivenöl
1 Knoblauchzehe, gepresst
Salz
1 TL Zitronensaft
1 Prise Cayennepfeffer
Tamari

Zubereitung: Die Kichererbsen über Nacht in Wasser einweichen. Am nächsten Tag mit frischem Wasser und Lorbeerblatt sehr weich kochen (ca. eine Stunde). Die Kichererbsen zum Abtropfen in ein Sieb geben, etwas vom Kochwasser zurückbehalten. Mit Öl, Knoblauch, Salz und Zitronensaft pürieren, eventuell mit Kochwasser sämiger machen. Mit Cayennepfeffer und Tamari abschmecken.

Hinweis: *Hummus*, das Kicherbsenpüree, ist ein wichtiger Bestandteil der arabischen Küche. Es wird dort mit Olivenöl, Zitronensaft und Tahin abgeschmeckt.

Avocadocreme

Zutaten:

½ Tasse Kokosflocken
2 reife Avocados
250 g Sauerrahm
1 TL Zitronensaft
Schwarzer Pfeffer, frisch gemahlen
Salz
Kresse

Zubereitung: Die Kokosflocken 15 Minuten in wenig heißem Wasser einweichen, dann gut ausdrücken.
Avocados der Länge nach halbieren, den Stein entfernen, das Fruchtfleisch mit einem Löffel aus der Schale herauskratzen. Zusammen mit den Kokosflocken und dem Sauerrahm pürieren, mit Zitronensaft, Salz und Pfeffer abschmecken. Mit Kresse bestreut servieren.

Tipps: Die Avocadocreme muss vor dem Genuss frisch zubereitet werden, da sich das Fruchtfleisch rasch verfärbt. Sie schmeckt nicht nur gut auf Brot, sondern eignet sich auch als Beilage zu einer Reistafel.

KÖSTLICHE BEILAGEN: SAUCEN, PÜREES, CHUTNEYS & CO.

Die folgenden schmackhaften Beilagen sind unverzichtbare Accessoires zu Getreidegerichten. Sie hüllen unsere Magennerven ein, wenn sie mild und sämig sind, und fachen unser Verdauungsfeuer an, wenn sie säuerlich-pikant sind. Mit ihnen ist es ein Leichtes, der von der ayurvedischen Küche gestellten Forderung nach allen sechs Geschmacksrichtungen in einer Mahlzeit nachzukommen und die jeweils richtige Ergänzung für die Bedürfnisse der einzelnen Doshas zu finden.

PIKANTE SAUCEN UND PÜREES

Dill-Rahmsauce

Zutaten:
1 Zwiebel, fein geschnitten
1 EL Butter
500 ml Gemüsebrühe
3 EL Reismehl
2 Bund Dille, gehackt
1 TL Zuckerrohrgranulat
1 EL Essig
Kräutersalz
Pfeffer
250 ml Sauerrahm

Zubereitung: Zwiebel in Butter weich dünsten, die Gemüsebrühe zugießen und erhitzen. Reismehl in etwas kaltem Wasser anrühren, unter die Brühe rühren, einmal kurz aufkochen lassen. Dill, Zuckerrohrgranulat, Essig, Kräutersalz und Pfeffer hinzufügen, alles gut verrühren, zum Schluss den Rahm unterheben.

Tipp: Diese Sauce wird zur warmen Kräuterrahmsauce, wenn Sie frische Kräuter verwenden. Ersetzen Sie den Essig durch einige Spritzer Zitronensaft und den Sauerrahm durch 2–3 EL Creme fraiche. Beide Saucen schmecken zu Dinkel-Laibchen, Gerste-Plätzchen und Grießknödeln.

Karottenschaum

Zutaten:

500 g Karotten
250 ml Gemüsebrühe
¼ TL Ingwer, gemahlen
¼ TL Kreuzkümmel, gemahlen
½ TL Koriander, gemahlen
1 Prise Cayennepfeffer
Salz
125 ml Creme fraiche

Zubereitung: Die Karotten in Gemüsebrühe weich dünsten. Anschließend zu einer Creme pürieren, mit Ingwer, Kreuzkümmel, Koriander, Cayennepfeffer und Salz würzen. Zum Schluss die Creme fraiche unterheben.

Tipp: Für ein Püree aus gelben Rüben verwenden Sie statt der Karotten gelbe Rüben und würzen mit Koriander, Paprikapulver, Kerbel und etwas Zitronensaft.
Passt zu Buchweizen-Käse-Auflauf und Hirse-Spinat-Klößen.

Hinweis: *Koriandersamen* sind ein mildes, ausgleichendes Gewürz und Heilmittel, das sogar bei starker Pitta-Dominanz verwendet werden kann. Sie wirken stärkend, ohne zu erhitzen, und regen mild die Verdauung an. In der ayurvedischen Küche sind auch die frischen Korianderblätter ein beliebtes Würzmittel. Sie haben ein ausgeprägtes Aroma, werden daher in kleiner Menge nach dem Kochvorgang den Speisen zugefügt.
Die Samen des *Kreuzkümmels* ähneln zwar in ihrem Aussehen dem Kümmel, schmecken aber «exotischer». Sie beschleunigen die Auflösung angesammelter Giftstoffe (Ama), die aus einem unvollständigen Verdauungs- und Ausscheidungsprozess stammen.

Kapernsauce

Zutaten:

1 große Zwiebel, klein gehackt
1 EL Ghee oder Butter
250 l Gemüsebrühe
1 Lorbeerblatt
2 EL Reismehl
2 EL Kapern, gehackt
2 TL Senf
125 ml Creme fraiche
Etwas Zitronensaft
1 Knoblauchzehe, gepresst
Schwarzer Pfeffer, frisch gemahlen
Salz
Tamari

Zubereitung: Die Zwiebel in Ghee oder Butter andünsten, mit Gemüsebrühe aufgießen und mit Lorbeer sanft köcheln lassen. Das Reismehl in etwas kaltem Wasser anrühren, Kapern und Senf beifügen, zur Brühe geben, kurz aufkochen lassen. Creme fraiche unterheben und mit Zitronensaft, Knoblauch, Pfeffer, Salz und Tamari pikant abschmecken.

Tipp: Passt besonders gut zu Grünkernknödeln.

Gemüsepüree

Zutaten:

1TL schwarze Senfkörner
1 EL ÖL oder Ghee
500 g gemischtes Gemüse (Karfiol, Kohlrabi, Karotten, Paprika, etc.), klein geschnitten
¼ TL Kreuzkümmel, gemahlen
¼ TL Koriander, gemahlen
500 ml Gemüsebrühe
125 ml Creme fraiche
1 TL frischer Ingwer, gerieben
Langer Pfeffer, gemahlen
Kräutersalz
1 TL Zitronensaft

Zubereitung: Die Senfkörner in Öl oder Ghee anbraten, klein geschnittenes Gemüse, Kreuzkümmel und Koriander hinzufügen, kurz anrösten. Mit Gemüsebrühe auffüllen und das Gemüse weich dünsten.

Anschließend pürieren, Creme fraiche unterheben, mit den übrigen Gewürzen und mit Zitronensaft abschmecken.

Tipp: Passt zu fast zu allen pikanten Getreide- und Tofugerichten.

Hinweis: *Langer Pfeffer («Pipali»)* wird vor allem in Indonesien und Indien als Gewürz verwendet. Er ist durch seine süße Nachwirkung milder als schwarzer Pfeffer, aber ebenso aromatisch. Man bricht ihn in Stücke und zerkleinert ihn im Mörser. Er wird erst nach dem Kochen zugefügt.

Kürbispüree

Zutaten:

1 kleiner Hokkaidokürbis oder
500 g gelber Kürbis
250 ml Gemüsebrühe
2 EL Butter
1 Prise Muskatnuss, gerieben
1 Prise Ingwerpulver
1 Prise Kreuzkümmel, gemahlen
1 Prise Paprikapulver, scharf
Salz

Zubereitung: Den Kürbis schälen, vierteln und mit einem Löffel die Kerne entfernen, in Stücke schneiden und in der Gemüsebrühe weich kochen. Anschließend pürieren, Butter unterrühren und mit den Gewürzen abschmecken.

Tipp: Passt gut zu überbackener Gemüsehirse, Reis mit Linsen, Sechskorn-Mangold-Auflauf.

Hinweis: Den zwiebelförmigen *Hokkaido-Kürbis* erhält man in rot und grün. Der rote Hokkaido weist einen hohen Karotingehalt auf und schmeckt maronenartig

Lauchcreme

Zutaten:
750 g Lauch (Porree)
2 EL Ghee
Schwarzer Pfeffer, frisch gemahlen (oder Trikatu)
Kräutersalz
1 TL Zitronensaft
125 ml l Schlagobers

Zubereitung: Den Lauch der Länge nach aufschneiden, gut waschen, harte grüne Teile entfernen und in Ringe schneiden. In Ghee kurz anbraten, etwas Wasser hinzufügen und weich dünsten. Anschließend pürieren und mit den Gewürzen abschmecken. Das Obers schlagen und unterheben.

Tipp: Passt zu Maisauflauf mit Karotten, Buchweizen-Käse-Auflauf.

Champignonsauce

Zutaten:

3 EL Reismehl
500 ml Gemüsebrühe
250 g Champignons, blättrig geschnitten
1 Lorbeerblatt
1 Prise Muskatnuss, gerieben
Schwarzer oder weißer Pfeffer, frisch gemahlen
Tamari
125 ml Creme fraiche
2 EL Petersilie, klein gehackt
1–2 TL Zitronensaft

Zubereitung: Das Reismehl in etwas kaltem Wasser anrühren, in die Gemüsebrühe rühren, einmal kurz aufkochen lassen. Champignons und Gewürze hinzufügen, unter Rühren sanft köcheln lassen.

Zuletzt Creme fraiche unterrühren und Zitronensaft und Petersilie zufügen.

Tipp: Passt gut zu Buchweizen-Gerichten, Grießknödeln, Grünkernknödeln. Lässt sich ebenso mit Austern-, Stein- und anderen Pilzen herstellen.

Feuerlinsen-Sauce

Zutaten:

1 TL Schwarze Senfkörner
2 EL Ghee
200 g Rote Linsen
1 Lorbeerblatt
½ TL Kreuzkümmel, gemahlen
¼ TL Ingwerpulver
¼ TL Koriander, gemahlen
500 ml Gemüsebrühe
1 Knoblauchzehe, gepresst
Etwas Essig
Salz
1 Prise (oder etwas mehr) Cayennepfeffer

Zubereitung: Die Senfkörner in Ghee anrösten, bis sie platzen. Die roten Linsen waschen, zu den Senfkörnern geben, Lorbeer, Kreuzkümmel, Ingwer und Koriander hinzufügen, kurz mitrösten, dann mit Gemüsebrühe auffüllen und die Linsen gar kochen.
Anschließend alle Zutaten pürieren. Mit Knoblauch, Essig, Salz und Cayennepfeffer abschmecken.

Tipp: Passt zu Gerste-Kohl-Auflauf und Hirse-Gemüse-Kroketten. Oder «solo» als Vorspeise mit ein paar Oliven.

Hinweis: Der feurige *Cayennepfeffer* wird aus getrockneten und pulverisierten Schoten und Samen mehrerer Sorten Chillies hergestellt. Er sollte sparsam verwendet werden.

Wurzelsauce

Zutaten:

2 Pastinaken, klein geschnitten
½ Sellerieknolle, klein geschnitten
1 Petersilienwurzel, klein geschnitten
500 ml l Gemüsebrühe
125 ml Creme fraiche
1 TL Zitronensaft
Schwarzer Pfeffer, frisch gemahlen (oder Garam Masala)
Kräutersalz

Zubereitung: Das vorbereitete Gemüse zusammen mit ein wenig Gemüsebrühe weich dünsten.
Anschließend zu einer Creme pürieren. Mit der restlichen Gemüsebrühe auffüllen, Creme fraiche unterrühren. Mit Zitronensaft, schwarzem Pfeffer (oder Garam Masala) und Kräutersalz würzen.

Tipp: Passt gut zu Weizen-Zucchini-Auflauf und orientalischen Sechskorn-Laibchen.

Hinweise: *Garam Masala* ist im Handel als fertige Gewürzmischung erhältlich. Es enthält normalerweise Zimt, schwarzen Pfeffer, Koriander, Kreuzkümmel, Gewürznelken und Muskatblüte oder Muskatnuss. Im Gegensatz zu anderen Gewürzmischungen wird Garam Masala meist erst gegen Ende der Kochzeit hinzugefügt.
Die *Pastinake* ist ein karottenförmiges Wurzelgemüse mit weißgelblichem Fruchtfleisch. Gekocht hat sie ein starkes, süßliches Aroma. Die Pastinake stammt aus Osteuropa und galt jahrhundertelang als Arme-Leute-Essen.

Zitronensauce

Zutaten:
1 Zwiebel, fein gehackt
1 EL Öl
500 ml Gemüsebrühe
1 Lorbeerblatt
3 EL Reismehl
2 Eigelb
2 EL Zitronensaft
Salz
Weißer Pfeffer, frisch gemahlen

Zubereitung: Die Zwiebel in Öl andünsten, mit Gemüsebrühe aufgießen, Lorbeer zufügen und kurz kochen lassen, bis die Zwiebel weich ist. Reismehl in etwas kaltem Wasser anrühren, unter die Brühe rühren, noch einmal kurz aufkochen lassen. Den Topf vom Herd nehmen.
Eigelb mit Zitronensaft verquirlen, etwas heiße Brühe hinzufügen, danach alles vermischen. Nicht mehr kochen. Mit Salz und Pfeffer würzen.

Tipp: Köstlich zu Bulgur auf Selleriekanapees, Gerste-Sellerie-Auflauf und Grünkern-Brokkoli-Auflauf.

Südliche Tomatensauce

Zutaten:
2 Zwiebel, fein gehackt
2 Knoblauchzehen, fein gehackt
4 EL Olivenöl
10 Tomaten, gehäutet und klein geschnitten oder 500 g aus der Dose
1 Lorbeerblatt
Je ½ TL Oregano, Thymian und Rosmarin
Etwas Zitronenschale
3 EL Tomatenmark
1 TL Rohrohrzucker
Kräutersalz
Schwarzer Pfeffer, frisch gemahlen

Zubereitung: Zwiebeln und Knoblauch in Öl goldgelb rösten, Tomaten, Lorbeerblatt, Oregano, Thymian, Rosmarin und Zitronenschale hinzufügen. Tomatenmark und bei Bedarf etwas Wasser und Zucker dazugeben. Mindestens 15 Minuten leise köcheln lassen, bis die Sauce sämig ist. Mit Kräutersalz und Pfeffer abschmecken.

Tipp: Passt gut zu Nudel- und Maisgerichten.

Tomatenvinaigrette

Zutaten:

500 g reife Tomaten
2 Knoblauchzehen, zerdrückt
2 EL Apfelessig
4 EL Olivenöl
2 EL frisches Basilikum (oder Petersilie), gehackt
1 TL Honig
Kräutersalz
Schwarzer Pfeffer, frisch gemahlen

Zubereitung: Die Tomaten mit kochendem Wasser überbrühen, enthäuten und in Stücke schneiden. Mit den restlichen Zutaten im Mixer pürieren. Mit Kräutersalz und Pfeffer abschmecken.

Tipps: Schmeckt ganz phantastisch, wenn Sie die Vinaigrette über frisch gedünstetes Gemüse (z. B. Fenchel, Chicoree, Zucchini, Romanesco) gießen und kurz ziehen lassen. Lauwarm genießen!
Die Vinaigrette ist auch eine köstliche, ausgleichende Ergänzung zu Avocados (gewürfelt).

Joghurt-Sauce mit Kräutern

Zutaten:

125 ml Joghurt 3,6%
125 ml Sauerrahm
1–2 Knoblauchzehen, gepresst
1 EL Olivenöl
2–3 EL frische Kräuter, gehackt
(Dille, Basilikum, Schnittlauch, Kerbel, Petersilie)
Etwas Zitronensaft oder Essig
1 TL Honig
Kräutersalz
Schwarzer Pfeffer, frisch gemahlen

Zubereitung: Alle Zutaten gut miteinander verrühren.

Tipp: Passt zu fast allem, erfrischt und fördert gleichzeitig die Verdauung.

Joghurt-Sauce «orientalisch»

Zutaten:

125 ml Joghurt 3,6%
125 ml Sauerrahm
3 EL Tahin-Paste
1 TL Sesamöl, geröstet
1 TL Gomasio
½ TL Kreuzkümmel, gemahlen
½ TL Koriander, gemahlen
1 Prise Kardamom, gemahlen
1 Prise Gelbwurz, gemahlen
1 Prise langer Pfeffer, gemahlen
1 TL Zitronensaft

Zubereitung: Alle Zutaten gut miteinander verrühren.

Tipp: Schmeckt köstlich zu Reis- und Gemüsegerichten.

Hinweise: *Tahin-Paste* ist eine dicke Paste aus gerösteter, gemahlener Sesamsaat.
Gomasio ist ein traditionelles asiatisches Würzmittel und besteht aus Meersalz und Sesamsaat.

Joghurt-Sauce «steirisch»

Zutaten:

125 ml Joghurt 3,6%
125 ml Sauerrahm
3 EL Kürbiskerne, geröstet und fein gehackt
1 EL steirisches Kürbiskernöl
1 EL Petersilie, fein gehackt
1 TL Apfelessig
Salz
Schwarzer Pfeffer, frisch gemahlen

Zubereitung: Alle Zutaten gut miteinander verrühren.

Tipp: Passt zu pikanten Getreidegerichten, Laibchen und als Dipp für Gemüse. Oder ganz schlicht zu gekochten Kartoffeln.

Hinweis: *Steirisches Kürbiskernöl* ist eine österreichische Delikatesse. Ein sehr würzig schmeckendes, dunkles Öl, das aus gerösteten Kürbiskernen gepresst wird. Es schmeckt hervorragend zu Salaten und wird als Würzmittel für Suppen und Gemüse verwendet.

Joghurt-Curry-Sauce

Zutaten:
125 ml Joghurt
125 ml Sauerrahm
1 EL Zitronensaft
1 EL Sesamöl
1TL Curry-Mischung
1TL Honig
Kräutersalz

Zubereitung: Alle Zutaten zu einer cremigen Sauce verrühren.

Tipp: Mit etwas Wasser verdünnt, eignet sich diese Sauce hervorragend als Dressing, z.B. für Blumenkohl, Romanesco und Reissalat.

SÜSSE SAUCEN UND PÜREES

Diese süßen Saucen passen besonders gut zu allen süßen Getreideaufläufen.

Apfelsauce mit Ingwer

Zutaten:

4 Äpfel, geschält, entkernt und klein geschnitten
250 ml Wasser oder Apfelsaft
1 Zimtstange
½–1 TL frischer Ingwer, klein gehackt (ersatzweise Ingwerpulver)
3 Gewürznelken
Etwas Zitronenschale
Honig oder Zuckerrohrgranulat
Zitronensaft

Zubereitung: Die Äpfel mit Wasser oder Apfelsaft und Gewürzen weich dünsten. Danach Zimtstange, Gewürznelken und Zitronenschale entfernen.
Die Äpfel pürieren und abkühlen lassen. Mit Honig oder Zuckerrohrgranulat und Zitronensaft abschmecken.

Tipps: Diese Sauce können Sie auch aus Marillen, Pfirsichen, Kirschen oder Pflaumen zubereiten. Aus ayurvedischer Sicht sollten Sie für Vata und Pitta die Sauce mit ein paar Esslöffel Obers sämiger machen.
Wenn Sie das Obst nicht pürieren, können Sie es als köstliches Kompott zum Dessert reichen oder zu süßen Getreidegerichten servieren.

Fruchtsauce aus Dörrobst

Zutaten:

250 g gemischte Trockenfrüchte (Feigen, Marillen, Zwetschken)
250 ml Apfelsaft oder Wasser
1 Prise Zimtpulver
1 Prise Kardamom, gemahlen
1 Prise Piment, gemahlen
Zitronensaft
Etwas Rum nach Belieben

Zubereitung: Die Trockenfrüchte in der Flüssigkeit gar kochen. Anschließend Zimt, Kardamom und Piment zufügen, alles pürieren und mit Zitronensaft und Rum abschmecken, eventuell noch etwas verdünnen.

Beerensauce

Zutaten:

400 g Beeren, frisch oder tiefgekühlt (am besten Himbeeren)
½ Tasse Wasser
3 EL Zuckerrohrgranulat

Zubereitung: Die Beeren mit Wasser und Zuckerrohrgranulat kurz aufkochen lassen, anschließend pürieren.
Wenn es ganz fein sein soll, die Beerenceme durch ein Sieb streichen.

Vanillesauce

Zutaten:

500 ml Milch (oder Reis- oder Haferdrink)
1 Zimtstange
½ Vanilleschote, der Länge nach aufgeschnitten, oder ½ TL Vanillepulver
125 ml Schlagobers
3 EL Reismehl
1 EL Zuckerrohrgranulat
Etwas Rum nach Belieben

Zubereitung: Die Milch mit Zimt und Vanille aufkochen lassen. Das in etwas kaltem Wasser angerührte Reismehl sorgfältig unterrühren und zwei Minuten kochen. Abkühlen lassen (danach Vanilleschote entfernen). Das Schlagobers mit dem Zuckerrohrgranulat steif schlagen und unterheben. Nach Belieben mit Rum abschmecken.

Tipp: Vanillesauce ist ideal, um Vata zu reduzieren.

KÖSTLICHE CHUTNEYS

Chutneys sind dicke, marmeladenähnliche Saucen aus Früchten und Gewürzen. Sie haben einen ausgeprägten, meist süß-sauren, manchmal auch sehr scharfen Eigengeschmack. Besonders gut eignen sie sich als anregende Ergänzung zu einfachen, mild zubereiteten Getreidegerichten wie Basmatireis und Bulgur.

Bei einer «ayurvedischen Tafel» für mehrere Personen steht eine Schüssel Basmatireis im Mittelpunkt, darum gruppiert ein Dhal (eine Speise aus Hülsenfrüchten), verschiedene Gemüsegerichte, Chutneys, Dips und Raitas (erfrischende Beilagen mit Joghurt). Diese Auswahl ermöglicht jedem Esser eine individuelle Zusammenstellung seines Mahles.

Marillen-Chutney

Zutaten:

1 TL frischer Ingwer, gehackt
1 Prise Zimtpulver
1 Prise Nelkenpulver
1 Prise Cayennepfeffer
1 EL Ghee
125 ml Wasser
100 g getrocknete Marillen, klein gehackt
2 TL Zuckerrohrgranulat
1 Apfel, geschält & gewürfelt
1 Banane, klein geschnitten

Zubereitung: Die Gewürze in Ghee anrösten. Wasser, Marillen und Zuckerrohrgranulat hinzufügen, kurz kochen, dann Apfel und Banane zugeben und alles weich dünsten. Ausgekühlt servieren.

Kokos-Raita

Zutaten:

1 Tasse Kokosraspel
½ Tasse heißes Wasser
2 TL Zuckerrohrgranulat
125 ml Joghurt
Salz
1 Prise Cayennepfeffer
(für Vata und Kapha)
1 Prise Trikatu (für Pitta)

Zubereitung: Kokosraspel etwa 30 Minuten in heißem Wasser einweichen. Anschließend alle Zutaten im Mixer zu einer Creme pürieren.

Petersilien-Raita

Zutaten:

100 g Cashewnüsse
2 Bund Petersilie
125 ml Joghurt
2 TL Zuckerrohrgranulat
½ TL Salz
2 TL Zitronensaft
1 Prise Cayennepfeffer

Zubereitung: Cashewkerne für eine Stunde in Wasser einweichen. Danach klein hacken. Petersilie ebenfalls hacken. Anschließend alle Zutaten im Mixer zu einer Creme pürieren. Mit Salz, Zitronensaft und Cayennepfeffer abschmecken.

Tomaten-Dip

Zutaten:

2 TL frischer Ingwer, fein gehackt
1 TL Kreuzkümmel, gemahlen
1 EL Ghee
500 g Tomaten, geschält und klein geschnitten
1 EL Zuckerrohrgranulat
Salz
½ TL Zimtpulver
1 Prise Nelkenpulver
1 Prise Kardamom, gemahlen
Schwarzer Pfeffer, frisch gemahlen
Garam Masala

Zubereitung: Ingwer und Kreuzkümmel in Ghee kurz anrösten. Tomaten, Zuckerrohrgranulat und Gewürze hinzufügen, zum Kochen bringen. Köcheln, bis die Sauce etwas eindickt. Mit Garam Masala abschmecken und abgekühlt servieren.

Apfel-Chutney

Zutaten:

3–4 Äpfel
2 EL Rohrohrzucker
1 Prise Kardamom
1 Prise Anis oder Sternanis
1 TL geriebene Zitronenschale
Saft von 2 Orangen

Zubereitung: Die Äpfel schälen, vom Kerngehäuse befreien und achteln. Den Zucker in einem Topf erhitzen (karamellisieren). Äpfel und Gewürze zugeben, mit Orangensaft aufgießen. Sehr weich dünsten, bei Bedarf etwas Wasser nachgießen.
Abgekühlt servieren.

Tipp: Dieses Chutney kann auch mit frischer Ananas (gewürfelt), Beeren oder eingeweichtem Trockenobst (zum Trockenobst sollte Zitronensaft zugefügt werden, um die Süße auszugleichen) zubereitet werden.
Man kann es auch als Marmelade verwenden oder mit einem Tupfer geschlagenem Obers als Dessert (mit etwas Cointreau verfeinert) reichen.

Karotten-Raita

Zutaten:

1 EL Ghee
1 TL schwarze Senfsamen
½ TL Curry-Mischung
1 Prise Nelkenpulver
1 kleiner Pfefferoni, gehackt
1 TL Zuckerrohrgranulat
250 g Karotten, grob geraspelt
125 ml Joghurt
Salz
Schwarzer Pfeffer, frisch gemahlen
1 TL Zitronensaft
Petersilie oder Minze

Zubereitung: Das Ghee erhitzen, die Senfsamen anrösten, bis sie zu platzen beginnen. Dann die restlichen Gewürze, Pfefferoni, Zuckerrohrgranulat und Karotten dazugeben und bissfest dünsten. Abgekühlt mit Joghurt mischen, mit Salz, Pfeffer und Zitronensaft abschmecken. Gekühlt servieren. Nach Belieben mit Petersilie oder Minze garnieren.

Gurken-Raita

Zutaten:

1 große Salatgurke
2 EL Zwiebel, fein gehackt
250 ml Joghurt
1 EL Oliven- oder Sonnenblumenöl
¼ TL Kreuzkümmel, gemahlen
1 Prise Cayennepfeffer
1 EL frische Korianderblätter, Dill oder Kresse, fein gehackt

Zubereitung: Die Gurke schälen und grob raspeln, mit Zwiebeln, Joghurt und Öl vermischen.
Gewürze und Kräuter unterrühren. Ziehen lassen und gekühlt servieren.

Bananen-Raita

Zutaten:

1 TL Ghee
1 TL Kreuzkümmel, gemahlen
½ TL Koriander, gemahlen
1 Prise Kardamom, gemahlen
2 reife Bananen
250 ml Joghurt

Zubereitung: Das Ghee erhitzen, die Gewürze darin unter Rühren kurz anrösten. Die Bananen schälen, zu Mus zerdrücken und untermischen. Den Topf vom Herd nehmen. Abkühlen lassen. Joghurt unterrühren und kalt stellen.

Das folgende Pesto hält im Kühlschrank einige Tage. Es verfeinert wunderbar einfache Gemüsegerichte und -suppen, besonders bei Vata-Konstitution.

Nusspesto

Zutaten:

100 g Wal- oder Haselnüsse
50 g Pinienkerne
1–2 Knoblauchzehen, gepresst
2 EL Basilikum oder Petersilie, fein gehackt
2–3 EL Olivenöl
100 g Ricotta oder Crème fraîche
Salz
Schwarzer Pfeffer, frisch gemahlen
2 EL Parmesan (nach Belieben)

Zubereitung: Nüsse und Pinienkerne ohne Fett in einer Pfanne anrösten. Abkühlen lassen. Anschließend im Mixer zerkleinern, restliche Zutaten hinzufügen und cremig rühren.
Mit 2–3 EL heißem Wasser verdünnen.

ERFRISCHENDE SALATE UND DRESSINGS

Rohes Gemüse ist kühl. Bevor es «Agni», unserem Verdauungsfeuer, begegnet, hat es noch keine thermische Behandlung hinter sich, noch keine Begegnung mit dem Element «Feuer» (abgesehen von der Sonnenbestrahlung, die sein Wachstum ermöglichte). So ist Hitze nötig, um die Verdauung zu ermöglichen.

Achten Sie auf Ihre persönlichen Bedürfnisse:

- *Wenn Sie zu vermehrtem Vata mit Blähungen und Kältegefühlen neigen:* Raffeln Sie das Gemüse sehr fein und verwenden ausreichend Fett für die Marinade.Wechseln Sie Rohkost mit Salaten aus gekochtem Gemüse ab.
- *Wenn Sie zu starkem Pitta neigen:* Bereiten Sie die Marinaden mäßig gesäuert und gewürzt zu.
- *Wenn Sie zur Ansammlung von Kapha neigen:* Essen Sie Rohkost – vor allem Wurzelgemüse – nur zu Mittag (= Pitta-Tageszeit).
- *Wenn Ihr Agni im richtigen Maß vor sich hin lodert:* Greifen Sie herzhaft zu bei den nun folgenden Gaumenfreuden.

Tipp: Wenn Sie gern und viel Salat essen, können Sie Ihre Marinade für einige Tage im Voraus zubereiten und im Kühlschrank aufbewahren. Die frischen Kräuter erst zum Zeitpunkt der Verwendung beifügen.

Kohlrabi-Radieschen-Salat

Zutaten:
4 kleine Kohlrabi, geschält und geraspelt
1 Bund Radieschen, geraspelt

Für die Marinade:
2 EL Apfelessig oder Zitronensaft
3 EL Olivenöl
Kräutersalz
2 EL Dill, fein gehackt

Zubereitung: Die Zutaten der Marinade gut miteinander verrühren und mit dem geraffelten Gemüse vermischen.

Tipp: Ayurvedisch betrachtet: für Vata das Gemüse fein raffeln, für Pitta Zitronensaft statt Essig verwenden.

Rote Rüben-Rohkost mit Äpfeln

Zutaten:
1 große rote Rübe, geschält und fein geraspelt
2 Äpfel, grob geraspelt

Für die Marinade:
2 EL Apfelessig
3 EL Sonnenblumenöl
Etwas Wasser
½–1 TL Kümmel, gemahlen
1 Prise Nelkenpulver
Schwarzer Pfeffer, frisch gemahlen
Kräutersalz

Zubereitung: Die Zutaten der Marinade gut miteinander verrühren, mit den roten Rüben und Äpfeln vermischen.

Karottenrohkost

Zutaten:	250 g Karotten, geschält und fein geraspelt 1 EL Zitronensaft 1 EL Kerbel oder Petersilie, fein gehackt
Für die Marinade:	1 EL Apfelessig 1 TL Honig 2 EL Sonnenblumen- oder Rapsöl Etwas Wasser Kräutersalz Schwarzer Pfeffer, frisch gemahlen

Zubereitung: Die geraspelten Karotten sofort mit dem Zitronensaft vermischen. Die Zutaten für die Marinade gut miteinander verrühren und anschließend mit den Karotten und der Petersilie gründlich vermischen.

Karotten-Orangen-Salat

Zutaten: 250 g Karotten, fein geraspelt
2 TL Zitronensaft
2 EL Kokosflocken

Für die Marinade: Saft von 1 Orange
1 TL Honig
½ TL geriebene Orangenschale
2 EL Walnussöl
Salz
Schwarzer Pfeffer, frisch gemahlen

Zubereitung: Die Karotten sofort mit dem Zitronensaft vermischen. Die Zutaten für die Marinade miteinander verrühren und mit den Karotten mischen. Die Kokosflocken in einer Pfanne (ohne Fett) kurz anrösten und über den Salat streuen.

Sellerie-Rohkost

Zutaten: 1 kleine Sellerieknolle, geschält und fein geraspelt
2 Äpfel, grob geraspelt
1–2 EL Petersilie, fein gehackt

Für die Marinade: 1 EL Zitronensaft
Saft von 1 Orange
3 EL Walnuss- oder Olivenöl
1 TL Honig
Schwarzer oder weißer Pfeffer, frisch gemahlen

Zubereitung: Die Zutaten für die Marinade gut miteinander verrühren. Sellerie- und Apfelraspel sofort mit der Marinade vermischen (diese Mischung bräunt sonst rasch). Mit Petersilie bestreut servieren.

Rotkraut-Apfel-Salat

Zutaten:
1 kleiner Kopf Rotkraut
2 Äpfel (ungeschält)

Für die Marinade:
3 EL Apfelessig
4 EL Olivenöl
Etwas Wasser
1 TL Honig
1 TL Kümmel, gemahlen
1 Prise Piment- oder Nelkenpulver
Schwarzer Pfeffer, frisch gemahlen
Kräutersalz

Zubereitung: Das Rotkraut vierteln und den Strunk entfernen. Sehr fein hobeln, mit etwas Salz bestreuen. Gründlich durchkneten und 15 Minuten ruhen lassen, das Rotkraut wird dadurch weicher. Die Äpfel raspeln und mit dem Rotkraut vermischen.

Die Zutaten für die Marinade gut miteinander verrühren und mit der Kraut-Apfel-Mischung vermengen. Mindestens eine Stunde ziehen lassen. Nach dieser Zeit hat das Rotkraut den Geschmack der Marinade aufgenommen und Sie müssen eventuell nachwürzen.

Weisskrautsalat

Zutaten:	1 junges, kleines Weißkraut 2 EL Petersilie, fein gehackt
Für die Marinade:	3 EL Apfelessig 4 EL Sonnenblumenöl Etwas Wasser 1–2 Knoblauchzehen, gepresst 1 TL Honig 1 TL Kümmel oder Kreuzkümmel, gemahlen Kräutersalz

Zubereitung: Das Kraut vierteln, den Strunk entfernen, fein hobeln und mit etwas Salz bestreuen. Gründlich durchkneten und 15 Minuten ruhen lassen, das Kraut wird dadurch weicher.
Die Zutaten für die Marinade miteinander verrühren, mit dem Kraut und der Petersilie vermischen. Mindestens eine Stunde ziehen lassen. Vor dem Servieren eventuell nachwürzen.

Tipp: Weißkraut wird weicher und leichter verdaulich, wenn Sie es blanchieren. Kochen Sie dafür 250 ml Wasser mit 1 TL Salz und 2 EL Apfelessig auf, gießen Sie diese Mischung über das Kraut und lassen es zehn Minuten ziehen, bevor Sie die Flüssigkeit abseihen. Dann wird das Kraut laut Rezept mariniert.
Er schmeckt köstlich, wenn man den Salat lauwarm serviert und mit gerösteten Räuchertofu-Würfeln bestreut.

Zucchinisalat mit Joghurtdressing

Zutaten:

500 g Zucchini, grob geraspelt
1 EL Petersilie oder Dill, fein gehackt
1 Tomate, geachtelt

Für die Marinade:

125 ml Joghurt
2 TL Zitronensaft
2 EL Olivenöl
1 TL Honig
Schwarzer Pfeffer, frisch gemahlen
Kräutersalz

Zubereitung: Die Zutaten für die Marinade miteinander verrühren und mit den geraspelten Zucchini vermischen. Mit Petersilie oder Dille bestreuen und mit Tomatenachteln garnieren.

Sauerkrautsalat mit Äpfeln

Zutaten:	250 g mildes Sauerkraut, klein geschnitten 2 Äpfel, geschält und geraspelt
Für die Marinade:	2 TL Honig 2 EL Sonnenblumenöl Etwas Wasser 1 EL Petersilie, gehackt ¼ TL Kümmel, gemahlen ¼ TL Wacholderbeeren, gestoßen Salz Schwarzer oder weißer Pfeffer, frisch gemahlen

Zubereitung: Die Zutaten für die Marinade gut miteinander verrühren und mit dem Sauerkraut und den Äpfeln vermischen. 30 Minuten ziehen lassen. Je nach Sorte des Sauerkrauts kann es nötig sein, mit Salz und Essig nachzuwürzen.

Salat aus Roten Rüben

Zutaten:	500 g Rote Rüben 1 EL Petersilie oder Dill, fein gehackt
Für die Marinade:	2 EL Apfelessig 2 EL Distel- oder Olivenöl Etwas Wasser Salz 1 EL Kren, gerieben (oder 1 Prise Nelkenpulver und 1 Prise Kümmel)

Zubereitung: Die roten Rüben gut abbürsten und weich kochen. Anschließend schälen und in Scheiben schneiden.
Die Zutaten für die Marinade gut miteinander verrühren und mit den Roten Rüben vermischen. Mindestens eine Stunde ziehen lassen. Mit Petersilie bestreut servieren.

Kartoffelsalat

Zutaten:

1 kg festkochende Kartoffel
½ TL Majoran
1 Prise Kümmel, gemahlen
250 ml Gemüsebrühe
1 Knoblauchzehe, gepresst
2 EL Petersilie, gehackt
4 EL Oliven- oder Sonnenblumenöl
3 EL Apfelessig
1 TL Honig
Schwarzer Pfeffer, frisch gemahlen
1 TL Senf
Kräutersalz

Zubereitung: Die Kartoffeln gut abspülen, anschließend in der Schale gar kochen. Kartoffeln schälen und in Scheiben schneiden. Mit Majoran und Kümmel bestreuen und mit der heißen Gemüsebrühe übergießen.
Aus den restlichen Zutaten eine Marinade rühren, zu den Kartoffeln geben und alles gründlich mischen. Einige Stunden ziehen lassen.
Eventuell nachwürzen (Kartoffel mögen es kräftig, sie nehmen viel Salz und Gewürze auf).

Salat aus Schwarzen Bohnen

Zutaten:
250 g Schwarze Bohnen
1 TL Oregano
1 TL Bohnenkraut
1 Lorbeerblatt
3 Frühlingszwiebel, in Ringe geschnitten
½ rote und ½ gelbe Paprikaschote, klein gewürfelt

Für die Marinade:
2 EL Apfelessig
6 EL Olivenöl
1 Knoblauchzehe, gepresst
1 TL Senf
1 TL Honig
Schwarzer Pfeffer, frisch gemahlen
Kräutersalz
Tamari

Zubereitung: Die Bohnen über Nacht einweichen. Am nächsten Tag mit frischem Wasser, Oregano, Bohnenkraut und Lorbeer bissfest garen. Die Bohnen zum Abtropfen in ein Sieb geben, dabei einen Teil des Kochwassers auffangen, um bei Bedarf die Marinade damit zu verdünnen.

Die Zutaten für die Marinade gut miteinander verrühren, mit den Bohnen und den Frühlingszwiebeln vermischen. Einige Zeit durchziehen lassen (wenn Sie die Marinade mit den noch warmen Bohnen vermischen, intensiviert sich der Geschmack rascher), eventuell nachwürzen. Vor dem Servieren die Paprikawürfel unterheben.

Mungbohnensalat

Zutaten:	250 g Mungbohnen 1 Lorbeerblatt 4 Pimentkörner 2 Scheiben Ingwerwurzel, 5 mm dick
Für die Marinade:	6 EL Raps- oder Olivenöl 2 EL Apfelessig 1 TL Honig ½ Kreuzkümmel, gemahlen Schwarzer Pfeffer, frisch gemahlen Salz

Zubereitung: Die Mungbohnen einige Stunden in kaltem Wasser einweichen. Wasser abgießen, Bohnen gründlich waschen und in frischem Wasser mit Lorbeerblatt, Piment und Ingwer kernig gar kochen (ca. 20 Minuten). Gegen Ende der Kochzeit auf die Mungbohnen achten, da sie ab einem gewissen Moment sehr rasch zu weich werden können.

Die Bohnen zum Abtropfen in ein Sieb geben und die mitgekochten Gewürze entfernen. Etwas vom Kochwasser auffangen, um bei Bedarf die Marinade damit zu verdünnen.

Die Zutaten für die Marinade gut miteinander verrühren und mit den noch warmen Bohnen vermischen. Mit schwarzem Pfeffer bestreuen und – wenn möglich – lauwarm servieren.

Linsensalat

Zutaten:	250 g braune Linsen ½ TL Oregano ½ TL Thymian ½ TL Rosmarin 1 Lorbeerblatt
Für die Marinade:	6 EL Olivenöl 2 EL Apfelessig 1 TL Senf ½ frische Chilischote, gehackt Salz

Zubereitung: Die Linsen waschen, zusammen mit den Kräutern in frischem Wasser gar kochen.

Zum Abtropfen in ein Sieb geben, etwas vom Kochwasser auffangen, um bei Bedarf die Marinade damit zu verdünnen.

Die Zutaten der Marinade gut miteinander vermischen und mit den Linsen verrühren.

Gut durchziehen lassen, eventuell nachwürzen.

Kichererbsensalat

Zutaten: 250 g Kichererbsen
1 Knoblauchzehe, gehackt
2 Lorbeerblätter
½ TL Bohnenkraut

Für die Marinade: 6 EL Oliven- oder Sesamöl
2 EL Zitronensaft
2 EL frische Kräuter, gehackt (Petersilie, Schnittlauch, Dille)
Kräutersalz

Zubereitung: Die Kichererbsen über Nacht einweichen. Am nächsten Tag gut waschen, mit frischem Wasser und Gewürzen gar kochen. Die Kichererbsen zum Abtropfen in ein Sieb geben. Etwas vom Kochwasser auffangen, um bei Bedarf die Marinade damit zu verdünnen.

Die Zutaten für die Marinade gut miteinander verrühren, mit den Kichererbsen mischen.

Ziehen lassen, bei Bedarf nachwürzen. Mit frischen Kräutern bestreut servieren.

Rettichsalat

Zutaten:	2 große schwarze Rettiche 1 Apfel 2 EL Petersilie, fein gehackt
Für die Marinade I:	2 EL Sonnenblumenöl 2 EL Apfelessig 1 TL Honig Kräutersalz
Für die Marinade II:	
	Eignet sich besonders für den Fall extremer Rettich-Schärfe, die durch die Joghurt-Rahm-Mischung gemildert wird 125 g Joghurt 3,6% oder Sauerrahm 1 EL milder Balsamico Distel- oder Sonnenblumenöl 1 TL Honig

Zubereitung: Rettiche schälen und fein raspeln. Apfel schälen und ebenfalls raspeln.

Die Zutaten für die Marinade gut miteinander verrühren, mit Rettich und Apfel vermischen, mit Petersilie bestreuen.

Vogerlsalat (= Rapunzel- oder Feldsalat) mit Champignons

Zutaten:
150 g Vogerlsalat
5 große braune Champignons
2 EL Walnüsse, gehackt

Für die Marinade:
Saft von 1 Orange
1 TL Orangenschale gehackt (unbehandelt)
1 EL Zitronensaft
1–2 EL Apfelessig
4 EL Olivenöl
2 EL Petersilie, fein gehackt
1 TL Honig
1 TL Senf
Schwarzer Pfeffer, frisch gemahlen
Salz

Zubereitung: Den Salat putzen, waschen und trockentupfen. Die Champignons blättrig schneiden und mit dem Salat mischen.
Aus den restlichen Zutaten eine Marinade rühren und erst unmittelbar vor dem Servieren über den Salat gießen (Blattsalat fällt leicht zusammen). Mit den Walnüssen bestreuen.

Gemischter Salat

Zutaten:

1 Kopf Eissalat
1 kleiner Radicchio
1 Bund Radieschen
2–3 Frühlingszwiebeln
5 EL gekochte Maiskörner
Rote Paprikaschote
2 EL frische Kräuter (Dill, Petersilie, Basilikum, Schnittlauch)

Zubereitung: Eissalat und Radicchio waschen und trockentupfen. Anschließend in mundgerechte Stücke zupfen, Radieschen in Scheiben, Frühlingszwiebel in Ringe und Paprika in Streifen schneiden. Alles mit Maiskörnern und Kräutern mischen. Mit einem der folgenden Dressings anmachen:

AROMATISCHE DRESSINGS

Viele Dressings eignen sich nicht nur für Salate, sondern auch für gedünstetes Gemüse (z.B. Fenchel, Chicoree, Brokkoli). Das Aroma kommt besonders gut zum Ausdruck, wenn Sie die Speisen noch lauwarm genießen.

Standarddressing der Kräuterdrogerie

Zutaten:

2 EL Apfelessig
1–2 EL Wasser
1 TL Honig
3 EL Oliven- oder Sonnenblumenöl
½ TL Kräutersalz
2 EL frische Kräuter, fein gehackt

Zubereitung: Alle Zutaten mit dem Schneebesen oder im Mixer gut verrühren.

Italienisches Dressing

Zutaten:

3 EL Balsamico
6 EL Olivenöl
1 Knoblauchzehe, gepresst
Schwarzer Pfeffer, frisch gemahlen
Salz

Zubereitung: Alle Zutaten mit dem Schneebesen oder im Mixer gut verrühren.

Tipp: Passt gut zu Tomaten, grünem Salat, Artischocken und Brokkoli.

Nussmus-Dressing

Zutaten:

2 EL Tahin-Paste oder Nussmus
2 EL Zitronensaft
1 Knoblauchzehe, gepresst
1 EL Petersilie, fein gehackt
Etwas lauwarmes Wasser
1 Prise Kreuzkümmel, gemahlen
1 Prise Cayennepfeffer
Salz
Schwarzer Pfeffer, frisch gemahlen

Zubereitung: Alle Zutaten mit dem Schneebesen gut miteinander verrühren.

Tipp: Passt gut zu Blattsalaten, Blumenkohl, Brokkoli und gedünsteten Karotten.

Kürbiskerndressing

Zutaten:

5 EL Kürbiskerne, gehackt
1 Bund Petersilie, grob gehackt
½ Tasse Wasser
1 Knoblauchzehe, gepresst
2 El Kürbiskernöl
2 EL Zitronensaft
½ TL Kräutersalz
Schwarzer Pfeffer, frisch gemahlen

Zubereitung: Alle Zutaten im Mixer pürieren.

Tipp: Passt gut zu Blattsalaten, Kartoffeln und Karottenrohkost.

Dressing mit Kräutern der Provence

Zutaten:

2 EL Apfelessig
3 EL Olivenöl
Etwas Wasser
1 TL Honig
1 Knoblauchzehe, gepresst
1TL Senf
1 TL Kräuter der Provence
Schwarzer oder weißer Pfeffer, frisch gemahlen

Zubereitung: Alle Zutaten mit dem Schneebesen oder im Mixer gut verrühren.

Tipp: Passt gut zu Blattsalaten, Zucchini, Fisolen.

Sesam-Obers-Dressing

Zutaten:

3 EL Sesamöl
1 EL geröstetes Sesamöl
3 EL Schlagobers
2 EL Tamari

Zubereitung: Alle Zutaten mit dem Schneebesen oder im Mixer gut verrühren.

Tipp: Passt gut zu Sojasprossen, Karotten, Paprika, Blattsalaten und gebratenem Tofu.

Dressing mit Pinienkernen

Zutaten:

100 g Pinienkerne
2 Schalotten, fein gehackt
1 Knoblauchzehe, gepresst
6 EL Olivenöl
3 EL milder Weinessig
Schwarzer oder weißer Pfeffer, frisch gemahlen
Salz

Zubereitung: Die Pinienkerne ohne Fett in einer Pfanne leicht anrösten. Abkühlen lassen, anschließend mit den übrigen Zutaten im Mixer pürieren.

Tipp: Passt gut zu Blattsalaten.

VORSPEISEN UND KLEINE SPEISEN FÜRS BÜFFET

Schnell zubereitet - auch im Voraus - bereichern folgende Gerichte jede Mahlzeit:

Chinakohl-Cocktail

Zutaten:

500 g Chinakohl, in feine Streifen geschnitten
1 Apfel, mit Schale, gewürfelt
1 Birne, mit Schale, gewürfelt
2 Mandarinen oder Orangen, geschält und gewürfelt
100 g Weintrauben blau oder grün
3 EL Sonnenblumenkerne, ohne Fett angeröstet

Für das Dressing:

Saft von 1 Zitrone
125 ml Joghurt
125 ml Sauerrahm
3 El Olivenöl
Schwarzer Pfeffer, frisch gemahlen
Salz
1-2 TL Honig
3 EL Petersilie, fein gehackt

Zubereitung: Chinakohl mit den Früchten gut vermischen. Die Zutaten des Dressings gut miteinander verrühren und darüber gießen.
Mit Sonnenblumenkernen bestreut servieren.

Endiviensalat mit Austernpilzen

Zutaten:

1 kleiner Endiviensalat,
in feine Streifen geschnitten
2 Karotten, grob geraspelt
250 g Austernpilze
2 EL Olivenöl oder Ghee
Tamari
1 TL Zitronensaft
Schwarzer Pfeffer, frisch gemahlen
2 El Dill, gehackt
2 El Schnittlauch, fein geschnitten

Für das Dressing:

2 EL Balsamico Essig
2 EL Olivenöl
Schwarzer Pfeffer, frisch gemahlen

Zubereitung: Alle Zutaten des Dressings gut verrühren und mit den Endivienstreifen und den geraspelten Karotten mischen. Die Austernpilze in Öl oder Ghee bei relativ großer Hitze knusprig braten und mit Tamari, Zitronensaft und Pfeffer würzen. Noch warm über den Salat geben. Zum Schluss mit den Kräutern bestreuen.

Blattsalat mit rotem Paprika

Zutaten:

Gemischte Blattsalate
(z.B. Endivie, Lollo rosso, Radicchio)
2 rote Paprika, in Streifen geschnitten
4 El Olivenöl
2 Knoblauchzehen, gepresst
2 EL Balsamico
Schwarzer Pfeffer, frisch gemahlen
Salz
Shoyu
2 EL frische Kräuter, gehackt
(Petersilie, Basilikum, Dille)

Zubereitung: Die Blattsalate waschen, trockentupfen und in mundgerechte Stücke teilen.

Paprika in Olivenöl bissfest braten, den Knoblauch in den letzten Minuten mitbraten.

Mit Balsamico ablöschen und mit Salz, Pfeffer und Shoyu würzen. Abkühlen lassen und dann mit dem Salat und den Kräutern vermischen.

Salat mit Walnussdressing

Zutaten:

1 Paket Sojasprossen (ca. 2 Tassen)
1 Karotte, grob geraspelt
1 Zucchini, grob geraspelt
2 EL Walnüsse, gehackt

Für das Dressing:

3 EL Walnussöl
½ TL frischer Ingwer, fein gehackt
1 EL Zitronensaft
1 TL Honig
Weißer Pfeffer, frisch gemahlen
Salz

Zubereitung: Saojasprossen mit heißem Wasser kurz blanchieren, abgießen. Mit Karotte, Zucchini und Walnüssen vermischen. Die Zutaten des Dressings gut miteinander verrühren. Das Dressing über das Gemüse gießen und etwas durchziehen lassen. Zubereiten und darüber gießen.

Griechische Melanzanicreme

Zutaten:

1 große Melanzani (Aubergine)
2 EL Olivenöl
1 EL Essig
1–2 Knoblauchzehen, gepresst
1 Bund Petersilie, fein gehackt
Cayennepfeffer
Tamari
Salz

Zubereitung: Melanzani mehrmals mit einer Gabel einstechen, bei 200 °C im Backofen garen, bis sie weich ist (ca. ½ Stunde – die Zeit hängt von der Größe der Frucht ab). Etwas abkühlen lassen.
Anschließend das Fruchtfleisch mit einem Löffel aus der Schale kratzen und mit allen anderen Zutaten im Mixer oder mit dem Pürierstab pürieren.

Karfiol-Sellerie-Cocktail

Zutaten:
1 Karfiol, in Röschen zerteilt
1 kleine Sellerieknolle, gewürfelt
2 Kartoffeln, geschält und gewürfelt
Etwas Gemüsebrühe
2 EL Petersilie, fein gehackt
1 EL Walnüsse, grob gehackt

Für das Dressing:
125 ml Joghurt
3 EL Mayonnaise oder Sonnenblumenöl
2 EL Apfelessig
1 TL Curry-Mischung
Schwarzer Pfeffer, frisch gemahlen
Kräutersalz

Zubereitung: Das vorbereitete Gemüse und die Kartoffeln in wenig Gemüsebrühe bissfest garen. Die Zutaten des Dressings gut miteinander verrühren, mit dem Gemüse mischen, mit der Petersilie und den Nüssen bestreuen.

Gelbe Paprika mit schwarzen Oliven

Zutaten:
3 gelbe Paprika, in Streifen geschnitten
3 EL Olivenöl
2 Knoblauchzehen, gehackt
2 EL Weinessig
Schwarzer Pfeffer, frisch gemahlen
Salz
100 g schwarze Kalamata-Oliven

Zubereitung: Die Paprikastreifen in Olivenöl bissfest braten, zuletzt Knoblauch hinzufügen. Mit Essig ablöschen, salzen, pfeffern. Oliven untermischen. Einige Stunden ziehen lassen.

Tipp: Ein sehr willkommenes «Mitbringsel» zu Festen.

Karotten in pikanter Marinade

Zutaten:
500 g Karotten
125 ml Gemüsebrühe
6 EL Olivenöl
½ TL Paprikapulver edelsüß
½ TL Kümmel, gemahlen
1–2 Knoblauchzehen, gepresst
1 EL Apfelessig
Schwarzer oder weißer Pfeffer, frisch gemahlen
Kräutersalz
2 EL Petersilie, fein gehackt

Zubereitung: Karotten schälen und in 2 cm dicke Scheiben schneiden, in der Gemüsebrühe mit Öl, Paprikapulver und Kümmel bissfest dünsten. Topf vom Herd nehmen, Knoblauch, Essig, Salz und Pfeffer hinzufügen. Abkühlen lassen und mit Petersilie bestreuen.
Einige Stunden bei Raumtemperatur ziehen lassen.

Tipps: Eine wunderbare Beilage bei erhöhtem Vata.
Diese Gemüsevariation können Sie am Vorabend zubereiten und über Nacht stehen lassen.

Zucchini in Kräutermarinade

Zutaten:

500 g Zucchini
125 ml Gemüsebrühe
4 El Olivenöl
1 EL Kräuter der Provence
Schwarzer Pfeffer, frisch gemahlen
Salz
1 EL Zitronensaft

Zubereitung: Zucchini waschen, trockentupfen und in 2 cm dicke Scheiben schneiden. Mit Gemüsebrühe, Öl und Kräutern der Provence bissfest garen. Salz, Pfeffer und Zitronensaft zufügen. Abkühlen lassen und servieren.

Drei-Farben-Gemüseterrine

(etwas aufwändig, aber ein optischer und geschmacklicher Genuss!)

Zutaten:

200g Karotten
150 g Butter
600 ml kräftige Gemüsebrühe
3 TL Agar-Agar
Salz
Roter Tabasco
3 x 125 ml Schlagsahne
200g Sellerie
Weißer Pfeffer, frisch gemahlen
Etwas Zitronensaft
200g Brokkoli
Grüner Tabasco

Vorbereitung: Eine Terrinen- oder Kastenform mit Frischhaltefolie auslegen und mit Öl auspinseln.

Zubereitung: Karotten waschen und in Scheiben schneiden. Mit 50g von der Butter in 200 ml Gemüsebrühe weich dünsten. Noch heiß pürieren, 1 Esslöffel Agar-Agar einrühren, kurz aufkochen mit Salz und rotem Tabasco abschmecken. Die Masse abkühlen lassen und – bevor der Geliervorgang einsetzt – 125ml geschlagene Sahne unterziehen. In die vorbereitete Kastenform streichen.

Sellerie waschen und in kleine Stücke schneiden. Mit 50g von der Butter in 200 ml Gemüsebrühe weich dünsten. Noch heiß pürieren, 1 Esslöffel Agar-Agar einrühren, kurz aufkochen mit Salz, weißem Pfeffer und Zitronensaft abschmecken. Die Masse abkühlen lassen und – bevor der Geliervorgang einsetzt – 125 ml geschlagene Sahne unterziehen. Über die Karottenmasse in Form streichen. Brokkoli gut abspülen. Brokkoliröschen und klein geschnittene Brokkolistängel ebenfalls mit 50g Butter in 200 ml Gemüsebrühe weich dünsten. Noch heiß pürieren, 1 Esslöffel Agar-Agar einrühren, kurz aufkochen mit Salz und grünem Tabasco abschmecken. Die Masse abkühlen lassen und - bevor der Geliervorgang einsetzt - 125 ml geschlagene Sahne unterziehen. Über der Selleriemasse in die Form streichen. Abdecken und einige Stunden kühl stellen. Stürzen und in Scheiben schneiden.

Tipp: Diese Terrine eignet sich, von einem Blattsalat begleitet, gut als elegantes sommerliches Abendessen.

Marinierte Brokkoliröschen

Zutaten:

500 g Brokkoliröschen
125 ml Gemüsebrühe
1 EL Petersilie, fein gehackt
2 EL Kürbiskernöl
2 EL Balsamico
Schwarzer Pfeffer, frisch gemahlen
Salz

Zubereitung: Brokkoli in der Gemüsebrühe bissfest garen. Zum Abtropfen in ein Sieb geben und abkühlen lassen. Die restlichen Zutaten verrühren und über den Brokkoli gießen. Einige Stunden bei Raumtemperatur ziehen lassen.

Rote Paprika mit Kapern

Zutaten:

3 rote Paprikaschoten, in Streifen geschnitten
4 EL Olivenöl
2 Knoblauchzehen, fein gehackt
1 TL Oregano, frisch oder getrocknet
2 EL Balsamico
2 EL Kapern
Schwarzer Pfeffer, frisch gemahlen
Salz

Zubereitung: Die Paprikastreifen in Öl bissfest braten. Fünf Minuten vor Garende Knoblauch und Oregano dazugeben. Mit Balsamico ablöschen, die Kapern untermengen, salzen und pfeffern. Kühl stellen und kühl servieren.

Buttermilchterrine

Zutaten:

2 gestrichene EL Agar-Agar-Pulver
100 ml Wasser
400 ml Buttermilch
100 g feine frische Kräuter, gehackt (Basilikum, Schnittlauch, Kerbel, Petersilie, Dill)
Kräutersalz
Weißer Pfeffer, frisch gemahlen
2–3 TL Zitronensaft
125 ml Schlagsahne
Etwas Öl zum Bepinseln

Zubereitung: Agar-Agar mit dem Wasser verrühren und 1–2 Minuten köcheln. Mit der Buttermilch, den Kräutern, Salz, Pfeffer und Zitronensaft vermischen. Sahne steif schlagen und unter die ausgekühlte Masse heben. Kräftig abschmecken, da das Agar-Agar neutralisierend wirkt.
Eine Terrinen- oder Kastenform mit Frischhaltefolie auskleiden und mit Öl bepinseln. Masse eingießen und zugedeckt 3–4 Stunden im Kühlschrank fest werden lassen. Dann vorsichtig stürzen.

Hinweis: *Agar-Agar* ist ein pflanzliches Geliermittel, das aus Rotalgen hergestellt wird. Es ist mild, enthält keine Kalorien, aber viele Mineralstoffe und geliert rasch. Agar-Agar eignet sich zur Herstellung von feinem Gemüseaspik und leichten Fruchtgelees. Beim Einkochen von Marmelade kann es statt Pektin verwendet werden. Wenn Sie mit Agar-Agar kochen, können Sie für immer auf Gelatine verzichten.
Die handelsüblichen Produkte variieren in ihrer Gelierfähigkeit. Achten Sie deshalb bitte auf die Packungsangaben.

Spinat mit Joghurt

Zutaten:

500 g frischer oder TK-Blattspinat
250 ml Joghurt
1 EL scharfer Senf
2 Frühlingszwiebel, in feine Ringe geschnitten
2 EL Dill, fein gehackt
1 Msp. Cayennepfeffer
Schwarzer Pfeffer, frisch gemahlen
Tamari
Tabasco-Sauce
Salz

Zubereitung: Den frischen Spinat blanchieren. Den aufgetauten Spinat mit 1 EL Wasser kurz erhitzen und abtropfen lassen. Spinat klein schneiden, mit den restlichen Zutaten mischen und scharf abschmecken. Einige Stunden im Kühlschrank ziehen lassen.

Zucchini in Walnusscreme

Zutaten:

500 g Zucchini
1 EL Zitronensaft
250 ml Schlagobers
50 g Walnüsse, gerieben
Kräutersalz
Schwarzer Pfeffer, frisch gemahlen
Einige Salatblätter
Einige Walnüsse

Zubereitung: Zucchini waschen, trockentupfen und in feine Streifen schneiden, mit dem Zitronensaft vermischen. Geriebene Nüsse, Salz und Pfeffer zu den Zucchinis geben. Das Obers cremig schlagen und unter die Zucchini heben. Auf Salatblättern anrichten, mit ganzen Nüssen garnieren.

Pikante Zwiebelchen in Wein

Zutaten:

500 g Schalotten, geschält
1 Tasse Weißwein
½ Tasse Olivenöl
1/3 Tasse Apfelessig
1 Lorbeerblatt
1 TL Thymian
2 Knoblauchzehen, geschält
3 EL Tomatenmark
¾ Tassen Sultaninen

Zubereitung: Schalotten mit Wein, Öl, Essig, Gewürzen und Knoblauch in einen Topf geben, mit Wasser knapp bedecken und halb weich köcheln. Tomatenmark und die Sultaninen hinzufügen und alles zusammen weich schmoren. Abkühlen lassen.

Brokkoli-Quiche

Für den Mürbteig:
200 g Dinkelmehl
100 g Frischkäse
50 g Butter, in kleine Stücke geschnitten
½ TL Kräutersalz
50 g geriebene Haselnüsse

Für den Belag:
600 g Brokkoliröschen
Etwas Gemüsebrühe

Für den Guss:
2 Eier
250 ml Sauerrahm
100 g geriebener Käse (z.B. Bergkäse)
1 EL Petersilie, fein gehackt
Schwarzer Pfeffer, frisch gemahlen
Salz
Tamari

Zubereitung: Aus den Mürbteigzutaten einen Teig kneten, zu einer Kugel formen und eine halbe Stunde im Kühlschrank ruhen lassen. Den Brokkoli in wenig Gemüsebrühe bissfest garen, zum Abtropfen in ein Sieb geben.

Den Mürbteig auf einer bemehlten Arbeitsfläche ausrollen und in eine Quicheform (24 cm Durchmesser) drücken. Die Brokkoliröschen darauf verteilen.

Für den Guss die Eier mit Sauerrahm verrühren, Käse und Petersilie dazugeben, salzen, pfeffern und mit Tamari abschmecken. Über die Brokkoliröschen gießen, bei 160 °C ca. 30 Minuten backen.

Zwiebelkuchen

Für den Mürbteig:
200 g Dinkelmehl
100 g Butter, in kleine Stücke geschnitten
1 Ei
Etwas Wasser
Kräutersalz

Für den Belag:
500 g Zwiebeln, in feine Ringe geschnitten
2 EL Olivenöl oder Ghee
½ TL Majoran
½ TL Kümmel, gemahlen
Schwarzer Pfeffer, frisch gemahlen
Salz
Tamari
100 g Bergkäse, gerieben

Für den Guss:
2 Eier
250 ml Sauerrahm

Zubereitung: Aus den Mürbteigzutaten einen Teig kneten, zu einer Kugel formen und eine halbe Stunde im Kühlschrank ruhen lassen.
Die Zwiebelringe in Olivenöl oder Ghee bissfest dünsten, mit Majoran, Kümmel, Salz und Tamari kräftig würzen. Abkühlen lassen.
Den Mürbteig auf einer bemehlten Arbeitsfläche ausrollen und in eine Form (ca. 25 x 35 cm) drücken. Die gedünsteten Zwiebeln darauf verteilen. Mit dem geriebenen Käse bestreuen.
Für den Guss die Eier mit Rahm verrühren und darüber gießen. Bei 160 °C ca. 40 Minuten backen.

Gemüsekuchen aus der Kräuterdrogerie

Für den Mürbteig:
200 g Dinkelmehl
100 g Butter, in kleine Stücke geschnitten
1 Ei
Etwas Wasser
Kräutersalz

Für den Belag:
1 Zwiebel, in dünne Ringe geschnitten
5 mittelgroße Karotten, in Scheiben geschnitten
3 mittelgroße Zucchini, in Scheiben geschnitten
3 Paprikaschoten, in Streifen geschnitten
1 TL Liebstöckel
Salz
2 EL Olivenöl
Etwas Wasser
Tamari
Schwarzer Pfeffer, frisch gemahlen
2 EL Petersilie, fein gehackt
100 g Bergkäse, gerieben

Für den Guss:
2 Eier
250 ml Sauerrahm

Zubereitung: Aus den Mürbteigzutaten einen Teig kneten, zu einer Kugel formen und eine halbe Stunde im Kühlschrank ruhen lassen.

Das Gemüse mit Liebstöckel und Salz in Olivenöl bissfest dünsten, eventuell etwas Wasser zugießen. Zuletzt mit Tamari, Pfeffer und Petersilie vermischen. Auskühlen lassen.

Den Mürbteig auf einer bemehlten Arbeitsfläche ausrollen und in eine Form (ca. 25 x 35 cm) drücken. Das gedünstete Gemüse darauf verteilen. Mit dem geriebenen Käse bestreuen. Für den Guss die Eier mit Rahm verrühren und über den Belag gießen. Bei 160 °C ca. 40 Minuten backen. In Stücke teilen und mit Joghurt-Kräuter-Sauce servieren.

Bulgur-Gemüse-Salat

Zutaten:
½ l Gemüsebrühe
200 g Bulgur, grob
Je 1 rote, grüne und gelbe Paprikaschote, in Streifen geschnitten
2 kleine Zucchini, in Scheiben geschnitten
2 Frühlingszwiebel, in Ringe geschnitten
200 g Schafkäse, in Würfel geschnitten
Einige Tomatenachtel

Für die Marinade:
5 EL Olivenöl
2 EL Apfelessig
Etwas Wasser
1 Msp. Cayennepfeffer
Schwarzer Pfeffer, frisch gemahlen
Salz
Shoyu
3 EL frische Kräuter, fein gehackt (Petersilie, Dill, Kerbel, Basilikum)

Zubereitung: Die Gemüsebrühe aufkochen, Bulgur einstreuen, kurz aufkochen lassen, bis der Bulgur die Flüssigkeit aufgenommen hat. Mindestens eine Stunde zugedeckt quellen lassen. Die Zutaten für die Marinade gut miteinander verrühren Bulgur in eine Schüssel füllen und abkühlen lassen. Mit dem Gemüse und der Marinade vermischen. Mit Schafkäse bestreuen und mit Tomatenachteln garnieren.

Reissalat mit Räuchertofu

Zutaten:	200 g Basmati- oder Jasminreis, braun (oder auch Wildreismischung)
	½ l heiße Gemüsebrühe
	1 EL Ghee
	½ TL schwarze Senfsamen
	½ TL Kreuzkümmel
	3 Stangen Staudensellerie
	200 g Räuchertofu
	Einige Tomatenachtel
Für die Marinade:	2 EL Olivenöl
	2 EL Zitronensaft
	100 g Creme fraiche
	100 ml Gemüsebrühe
	1 Bund Dill, gehackt
	Schwarzer Pfeffer, frisch gemahlen

Zubereitung: Den Reis gründlich mit kaltem Wasser waschen, anschließend 30 Minuten in Wasser einweichen. Danach zum Abtropfen in ein Sieb geben. Ghee erhitzen, Senfkörner und Kreuzkümmel darin anrösten, bis die Körner hörbar platzen. Den Reis hinzufügen und mit heißer Gemüsebrühe aufgießen. Einmal kurz umrühren, dann nicht mehr. Zugedeckt auf kleiner Flamme köcheln lassen, bis die Flüssigkeit aufgesogen ist. Den Herd ausstellen, den Reis mindestens 30 Minuten quellen lassen. In eine Schüssel füllen und abkühlen lassen.

In der Zwischenzeit den Sellerie in kleine Stücke schneiden, Tofu würfeln. Die Zutaten für die Marinade gut miteinander verrühren und pikant würzen. Reis, Sellerie und Tofu vermischen, die Marinade darüber gießen. Falls der Salat zu trocken ist, noch etwas Gemüsebrühe unterrühren. Einige Stunden (oder über Nacht) ziehen lassen.

Mit Tomatenachteln garniert servieren.

Bunter Gerstesalat

Zutaten:

200 g Gerste
¾ Liter heiße Gemüsebrühe
½ TL Majoran
½ TL getrocknetes Basilikum
1 Lorbeerblatt
1 Tasse gemischtes Gemüse
(z.B. Karfiol, Fisolen, Karotten, Kohlrabi oder eine TK-Mischung),
klein geschnitten und bissfest gegart
1 Bund Radieschen, in Scheiben geschnitten
1 grüne oder gelbe Paprikaschote, in Streifen geschnitten
1 rote Paprikaschote, in Streifen geschnitten
Einige schwarze Oliven und Tomatenachtel

Für die Marinade:

4 EL Olivenöl
2 EL Apfelessig
Je 2 EL Dill und Petersilie, fein gehackt
Wasser
1 TL Honig
Schwarzer Pfeffer, frisch gemahlen
Salz
Tamari

Zubereitung: Die Gerste in einem Topf ohne Fett anrösten, bis sie zu duften beginnt. Mit heißer Gemüsebrühe auffüllen, Majoran, Basilikum und Lorbeer dazugeben und gar kochen. Ausquellen und abkühlen lassen. Die Zutaten für die Marinade gut miteinander verrühren. Gerste mit dem vorbereiteten Gemüse und der Marinade vermischen. Einige Stunden oder über Nacht durchziehen lassen, eventuell nachwürzen. Mit Tomatenachteln und Oliven garniert servieren.

SUPPEN UND HERZHAFTE EINTÖPFE

Suppen sind schnell gemacht und schmecken immer. Im Folgenden finden Sie eine Reihe von Rezepten für jeden Tag und für den besonderen Anlass.

KÖSTLICHE CREMESUPPEN

Bauchschmeichler, Magenwärmer, Vata-Beruhiger,
kleine Abendessen,...

Brokkolicremesuppe

Zutaten:

600 g Brokkoli
1 l Gemüsebrühe
1 Msp. Koriander
1 Msp. Muskatnuss, gerieben
1 TL Zitronensaft
Schwarzer oder weißer Pfeffer, frisch gemahlen
Salz
3 EL Creme fraiche oder Sauerrahm
geröstete Mandelsplitter

Zubereitung: Brokkoliröschen abschneiden, Stängel schälen und in Stücke teilen, in wenig Gemüsebrühe weich dünsten, anschließend pürieren. Das Püree mit der restlichen Gemüsebrühe auffüllen, mit Koriander, Muskat, Zitronensaft, Salz und Pfeffer abschmecken, Creme fraiche oder Sauerrahm unterheben. Mit gerösteten Mandelsplittern bestreut servieren.

Karottencremesuppe

Zutaten:
500 g Karotten, grob geschnitten
1 Zwiebel, grob geschnitten
½ l Gemüsebrühe
½ l Milch
1 TL Kerbel, getrocknet
1 Prise Cayennepfeffer
Salz
1 EL Kresse, fein gehackt

Zubereitung: Karotten und Zwiebel in der Gemüsebrühe weich dünsten, anschließend pürieren. Das Gemüsepüree mit Milch auffüllen, würzen und mit Kresse bestreut servieren.

Karfiolcremesuppe

Zutaten:
1 kleiner Karfiol
500 ml Gemüsebrühe
500 ml Milch
1 Prise Muskatnuss, frisch gemahlen
Kräutersalz
Weißer Pfeffer, frisch gemahlen
Etwas Gomasio

Zubereitung: Den Karfiol waschen, die Röschen abschneiden, Strunk schälen und würfeln. Alles in der Gemüsebrühe weich kochen und anschließend pürieren. Milch hinzufügen, würzen und mit Gomasio bestreut servieren.

Gemüsecremesuppe

Zutaten:

500 g Gemüse gemischt
(Lauch, Karotten, Karfiol, Sellerie etc.)
1 l Gemüsebrühe
1 Lorbeerblatt
1 Becher Creme fraiche oder Sauerrahm
Kräutersalz
Schwarzer Pfeffer, frisch gemahlen
Etwas Zitronensaft
1 El Petersilie, fein gehackt

Zubereitung: Das Gemüse waschen und klein schneiden, mit wenig Gemüsebrühe und dem Lorbeerblatt weich dünsten.
Das Lorbeerblatt entfernen und das Gemüse pürieren. Mit der restlichen Gemüsebrühe und Creme fraiche oder Sauerrahm verrühren, mit Salz und Pfeffer würzen und mit Zitronensaft abschmecken. Mit Petersilie bestreut servieren.

Kürbiscremesuppe

Zutaten:
1 kleiner roter Hokkaido-Kürbis
2 El Ghee
½ TL schwarze Senfkörner
½ TL Kreuzkümmel, gemahlen
1 l Gemüsebrühe
½ TL Koriander, gemahlen
Je 1 Msp. Zimt, Nelken- und Ingwerpulver
125 ml Schlagobers oder Joghurt
Salz
Schwarzer Pfeffer, frisch gemahlen
Muskatnuss, frisch gerieben
Etwas Zitronensaft
4 EL Kürbiskerne
4 TL Kürbiskernöl

Zubereitung: Den Kürbis waschen (schälen ist meist nicht notwendig!) und in Stücke schneiden. Mit einem Löffel die Kerne entfernen. Ghee erhitzen, Senfkörner und Kreuzkümmel anrösten, bis die Senfkörner platzen. Kürbisstücke hinzufügen, kurz weiterrösten. Die Gemüsebrühe und die übrigen Gewürze dazugeben, weich kochen und anschließend pürieren. Schlagobers oder Joghurt unter das Püree rühren, mit Salz, Pfeffer und Muskatnuss abschmecken. Nochmals kurz erwärmen, aber nicht mehr kochen. Mit Zitronensaft abschmecken.
Die Kürbiskerne in einer Pfanne ohne Fett anrösten. Die Suppe pro Portion mit 1 Esslöffel Kürbiskernen bestreuen und mit 1 Teelöffel Kürbiskernöl beträufeln.

Kohlrabicremesuppe

Zutaten:

1 Zwiebel, gehackt
2 EL Ghee
500 g Kohlrabi, geschält und gewürfelt
250 ml Weißwein
750 ml Gemüsebrühe
100 ml Creme fraiche
1 TL Nanaminze
Schwarzer Pfeffer, frisch gemahlen
Salz

Zubereitung: Zwiebel in Ghee andünsten, Kohlrabiwürfel hinzufügen. Mit dem Wein und 250 ml Gemüsebrühe aufgießen und weich kochen. Anschließend pürieren, restliche Gemüsebrühe, Creme fraiche und Nanaminze unterrühren.
Salzen und nochmals aufkochen. Mit schwarzem Pfeffer bestreut servieren.

Hinweis: *Nanaminze* ist milder und weniger kühlend als Pfefferminze und wird gern als Gewürz eingesetzt, das die Magennerven entspannt. In Nordafrika ist Nanaminze («marokkanische Minze») ein sehr beliebter Tee.

Lauchcremesuppe

Zutaten:

500 g Lauch, gut gewaschen und in Ringe geschnitten
2 Knoblauchzehen, gehackt
2 EL Ghee
1 TL Curry-Mischung
4 mittelgroße Kartoffeln, geschält und gewürfelt
1 l Gemüsebrühe
250 ml Schlagobers oder Sauerrahm
Salz
Schwarzer Pfeffer, frisch gemahlen
Tamari
1 Prise Cayennepfeffer
1 Bund Schnittlauch, in Röllchen geschnitten

Zubereitung: Lauch zusammen mit Knoblauch in Ghee andünsten, Curry und Kartoffeln zufügen, mit der Gemüsebrühe auffüllen und weich kochen. Anschließend pürieren.
Obers oder Sauerrahm einrühren, würzen. Mit Schnittlauch bestreut servieren.

Erbsencremesuppe

Zutaten:

1 Zwiebel, gehackt
1 EL Ghee
300 g tiefgekühlte Erbsen
1 l Gemüsebrühe
1 Lorbeerblatt
125 ml Schlagobers oder Sauerrahm
¼ TL Schabzigerklee
Schwarzer Pfeffer, frisch gemahlen
Salz
2 EL Petersilie, fein gehackt

Zubereitung: Zwiebel in Ghee andünsten, Erbsen, Gemüsebrühe und Lorbeerblatt hinzufügen, weich kochen. Danach das Lorbeerblatt entfernen.

4 Esslöffel Erbsen beiseite stellen, den Rest pürieren und Obers oder Sauerrahm unterrühren. Würzen. Pro Portion einen Esslöffel Erbsen hinzufügen und die Suppe mit Petersilie bestreut servieren.

Hinweis: *Schabzigerklee* ist der sogenannte «Blaue Bockshornklee», der vor allem in der Schweiz für Käse und Brot verwendet wird und der ein angenehmes, würzig-mildes Aroma hat. Sparsam dosieren.

Pastinakencremesuppe

Zutaten:

500 g Pastinaken, geschält und gewürfelt
1 mittelgroße Kartoffel,
geschält und gewürfelt
1 Zwiebel, geschnitten
1 l Gemüsebrühe
1 TL Koriander, gemahlen
Schwarzer Pfeffer, frisch gemahlen
Salz
100 ml Creme fraiche oder Sauerrahm
1 TL Zitronensaft
1 EL Petersilie fein gehackt

Zubereitung: Die Pastinaken- und Kartoffelwürfel mit den Zwiebeln in der Gemüsebrühe weich dünsten. Anschließend pürieren und würzen. Creme fraiche oder Sauerrahm und Zitronensaft hinzufügen. Mit Petersilie bestreut servieren.

Rote-Rüben-Cremesuppe

Zutaten:

500 g rote Rüben, geschält und gewürfelt
½ TL Kreuzkümmel, gemahlen
½ TL Koriander, gemahlen
½ TL Ingwer, gemahlen
Je 1 Prise Nelkenpulver,
Zimt und Kardamom, gemahlen
2 EL Ghee
1 l Gemüsebrühe
100 ml Creme fraiche
2 EL Zitronensaft
Schwarzer Pfeffer, frisch gemahlen
Salz

Zubereitung: Rote Rüben zusammen mit den Gewürzen kurz in Ghee andünsten. Mit Gemüsebrühe auffüllen, weich kochen und anschließend pürieren. 4 Teelöffel Creme fraiche abnehmen, den Rest mit Zitronensaft und Salz unterziehen.
Auf jede Portion 1 Teelöffel Creme fraiche geben und mit schwarzem Pfeffer bestreut servieren.

Selleriecremesuppe

Zutaten:

500 g Sellerie, geschält und gewürfelt
2 mittelgroße Kartoffel, geschält und gewürfelt
1 Zwiebel, grob geschnitten
1 l Gemüsebrühe
100 ml Creme fraiche
1 EL Zitronensaft
Trikatu (oder schwarzer Pfeffer, frisch gemahlen)
Salz
2 EL Petersilie, fein gehackt

Zubereitung: Sellerie- und Kartoffelwürfel zusammen mit der Zwiebel in der Gemüsebrühe weich garen. Anschließend pürieren. Creme fraiche einrühren und mit Zitronensaft, Trikatu und Salz abschmecken. Mit Petersilie bestreut servieren.

Hinweis: *Trikatu,* übersetzt «die drei Scharfen», ist eine traditionelle ayurvedische Gewürzmischung. Es besteht zu gleichen Teilen aus gemahlenem Ingwer, schwarzem und langem Pfeffer. Die Mischung ist als Gewürz universell einzusetzen. Es reduziert Ama (Stoffwechselschlacken) und regt Agni, das Verdauungsfeuer an.

Spargelcremesuppe

Zutaten:

500 g grüner Spargel
1 l Gemüsebrühe
125 ml Schlagobers
3 EL Reismehl
1 TL Zitronensaft
Salz
Weißer oder schwarzer Pfeffer, frisch gemahlen
2 TL frische abgeriebene Zitronenschale (unbehandelt)

Zubereitung: Spargel gründlich schälen (am besten mit einem Kartoffel-Sparschäler), in Stücke schneiden und in wenig Gemüsebrühe weich garen. Pürieren und mit restlicher Gemüsebrühe aufgießen. 4 Teelöffel Obers abnehmen und beiseite stellen. Das Reismehl mit dem restlichen Obers gut verrühren, zur Suppe geben und noch einmal aufkochen lassen. Mit Zitronensaft, Salz und Pfeffer abschmecken. Über jede Portion Suppe spiralförmig 1 Teelöffel Obers gießen und mit etwas Zitronenschale und Pfeffer bestreut servieren.

Kalte Zucchinicremesuppe

Zutaten:

500 g Zucchini
2 Knoblauchzehen, klein gehackt
2 El Olivenöl
750 ml Gemüsebrühe
250 ml Joghurt
Saft und abgeriebene Schale einer halben Zitrone (unbehandelt)
Weißer Pfeffer, frisch gemahlen
Salz

Zubereitung: Zucchini waschen, trockentupfen und in Scheiben schneiden. Mit dem Knoblauch in Olivenöl anbraten. Mit Gemüsebrühe auffüllen und weich dünsten. Pürieren und abkühlen lassen. Joghurt, Zitronensaft und Zitronenschale in die Suppe rühren, mit Salz und Pfeffer abschmecken. Vor dem Verzehr eine Stunde kühl stellen.

Feine Tomatencremesuppe

Zutaten:

4 Schalotten, fein gehackt
2 EL Olivenöl
500 g reife Tomaten, überbrüht, geschält und püriert (oder fertiges Tomatenpüree)
2 EL Tomatenmark
1 Lorbeerblatt
½ TL Basilikum
½ TL Oregano
¼ TL Thymian
¼ TL Rosmarin, gemahlen
Schwarzer Pfeffer, frisch gemahlen
Salz
1 TL Rohrohrzucker
1 l Gemüsebrühe
100 ml Creme fraiche
Frisches Basilikum, fein geschnitten
4 ganze Basilikumblättchen

Zubereitung: Schalotten in Öl andünsten, pürierte Tomaten, Tomatenmark, Gewürze und Zucker hinzufügen, mit der Gemüsebrühe auffüllen und etwa 15 Minuten köcheln lassen.
4 Teelöffel Creme fraiche abnehmen und beiseite stellen. Restliche Creme fraiche und geschnittenes Basilikum unter die Suppe ziehen.
Jede Portion mit 1 Teelöffel Creme fraiche und einem Basilikumblättchen garnieren.

Tomaten-Orangen-Suppe

Zutaten:

2 TL frischer Ingwer, fein gehackt
1 Knoblauchzehe, fein gehackt
2 TL Olivenöl
200 ml Orangensaft, frisch gepresst
1 TL Rohrohrzucker
4 mittelgroße Tomaten, überbrüht, geschält und in Würfel geschnitten (wer es ganz fein möchte, entfernt auch noch die Kerne)
375 ml Gemüsebrühe
Petersilie, fein gehackt

Zubereitung: Ingwer und Knoblauch in Öl anrösten, mit Orangensaft ablöschen. Zucker unterrühren, kurz köcheln lassen. Tomaten und Gemüsebrühe hinzufügen und weitere 5 Minuten köcheln lassen. Mit Petersilie bestreut servieren.

Tipp: Diese Suppe ist eine anregende Vorspeise, besonders für Vata.

Miso-Gemüsesuppe

Zutaten:

2 Stangen Lauch (Porree), gut gewaschen und in dünne Ringe geschnitten

2 Karotten, in dünne Scheiben geschnitten

1 TL frischer Ingwer, gehackt oder in hauchdünne Scheiben geschnitten

2 EL Ghee

1 l heißes Wasser

4–8 TL Hatcho-Miso

2 TL Umeboshi-Paste oder milder Essig

Tamari

1 EL Petersilie, fein gehackt

Zubereitung: Ingwer, Lauch und Karotten in Ghee anrösten, etwas Wasser zugießen und das Gemüse gar dünsten. Mit dem restlichen heißen Wasser aufgießen. 3–4 Esslöffel davon abnehmen und Hatcho-Miso, Umeboshi-Mus (oder Essig) und Tamari gut damit verrühren. Alles miteinander vermischen. Mit Petersilie bestreut servieren.

Tipps: Sie können zusätzlich 2 getrocknete Shiitakepilze verwenden. Diese müssen vor dem Garen 1 Stunde eingeweicht werden. Die Miso-Gemüsesuppe ist sehr leicht und wohltuend für Magen und Darm.

Hinweis: *Shiitakepilze* sind eng mit den chinesischen Morcheln verwandt. Sie wachsen auf der Rinde einer Eichenbaumart und werden sowohl frisch als auch getrocknet verwendet. Ihr Aroma ist intensiv und rauchig.

Zitronen-Reissuppe

Zutaten:

2 Zwiebeln, fein geschnitten
4 EL Olivenöl
100 g Rundkornreis
1 Lorbeerblatt
1 l Gemüsebrühe
2 Eier
Saft von 1 Zitrone
Kräutersalz
1 Prise Cayennepfeffer
Schnittlauchröllche

Zubereitung: Zwiebeln in Öl andünsten, Reis und Lorbeerblatt hinzufügen, kurz mitdünsten. Mit der Gemüsebrühe auffüllen und gar kochen (dauert einige Zeit). Vom Herd nehmen.
Eier mit dem Zitronensaft sehr schaumig schlagen, ein wenig heiße Brühe dazurühren und das Ganze vorsichtig unter die Suppe ziehen (darf nicht mehr kochen).
Mit Salz und Cayenne abschmecken, mit Schnittlauch bestreut servieren.

Tipp: Diese Suppe ist sättigend und eignet sich als kleine Hauptmahlzeit. Sie beruhigt vermehrtes Vata.

Zwiebelsuppe

Zutaten:

2 große Zwiebeln (ca. 200 g), in Ringe geschnitten
2 Knoblauchzehen, gehackt
2 El Sonnenblumenöl
1 l Gemüsebrühe
1 Lorbeerblatt
1 TL Majoran
1 TL Kümmel, gemahlen
Kräutersalz
Schwarzer Pfeffer, frisch gemahlen
Tamari
Brotwürfel (Vollkorn)
1–2 EL Ghee

Zubereitung: Zwiebelringe und Knoblauch in Öl andünsten. Gemüsebrühe und Gewürze hinzufügen und gar kochen.
In der Zwischenzeit die Brotwürfel in Ghee knusprig braten, vor dem Servieren über die Suppe streuen.

Kohlsuppe mit grünem Pfeffer

Zutaten:

3 Knoblauchzehen, gehackt
3 EL Olivenöl
500 g Kohl, in feine Streifen geschnitten
1 l Gemüsebrühe
½ TL grüne Pfefferkörner in Salzlake, zerdrückt
Brotwürfel (Vollkorn)
1–2 EL Ghee
100 ml Creme fraiche
Kräutersalz

Zubereitung: Knoblauch in Öl anbraten, den Kohl kurz mitbraten, mit Gemüsebrühe aufgießen. Pfeffer hinzufügen und alle Zutaten gar kochen.
In der Zwischenzeit die Brotwürfel in Ghee knusprig rösten.
Creme fraiche unter den Kohl rühren, mit Salz abschmecken und mit den Brotwürfeln bestreut servieren.

Tipp: Der grüne Pfeffer passt hervorragend zu allen Kohlarten und regt Agni, das Verdauungsfeuer, an.

Kartoffelsuppe

Zutaten:

2 Zwiebeln, gehackt
1 TL Kümmel
2 EL Öl
500 g festkochende Kartoffel, geschält und gewürfelt
1 l Gemüsebrühe
1TL Majoran
1 Lorbeerblatt
250 ml Sauerrahm
2 Knoblauchzehen, gepresst
Salz
Schwarzer Pfeffer, frisch gemahlen
Tamari
1 Prise Paprikapulver edelsüß oder scharf

Zubereitung: Zwiebeln mit Kümmel in Öl andünsten, Kartoffelwürfel dazugeben. Mit der Gemüsebrühe aufgießen, Majoran und Lorbeer zufügen, alle Zutaten gar kochen. 1 Schöpflöffel Kartoffel herausnehmen, pürieren oder mit einer Gabel gründlich zerdrücken und mit dem Rahm und dem Knoblauch wieder in die Suppe rühren. Mit Salz, Pfeffer und Tamari würzen und mit einer Prise Paprikapulver bestreut servieren.

Gerste-Joghurt-Suppe

Zutaten:

1 Zwiebel, kleingeschnitten
1 EL Olivenöl
100 g Gerste
1 l Gemüsebrühe
1 TL Nanaminze
2 Knoblauchzehen, gepresst
250 ml Joghurt 3,6%
2 Eier
Schwarzer Pfeffer, frisch gemahlen
1 Prise Cayennepfeffer
Salz
Tamari

Zubereitung: Zwiebel in Öl andünsten, Gerste dazugeben, kurz weiterrösten. Mit Gemüsebrühe auffüllen und kochen, bis die Gerste weich ist. Nanaminze und Knoblauch unterrühren, den Topf vom Herd nehmen. Joghurt mit Eiern verrühren und in die nicht mehr kochende Suppe rühren. Mit Pfeffer, Cayenne, Tamari und Salz pikant abschmecken.

Tipp: Diese Suppe ist sehr sättigend und eignet sich als kleine Mahlzeit.

Griechische Bohnensuppe

Zutaten:

250 g weiße Bohnen
1 ½ l Gemüsebrühe
125 ml Olivenöl
2 Lorbeerblätter
1 TL Oregano
250 g Karotten, in Scheiben geschnitten
250 g Sellerie, in Würfel geschnitten
2 Zwiebeln, fein geschnitten
4 EL Tomatenmark
2 Knoblauchzehen, gehackt
1 EL Apfelessig
1 TL Rohrohrzucker
Salz
Schwarzer Pfeffer, frisch gemahlen

Zubereitung: Die Bohnen über Nacht in Wasser einweichen. Am nächsten Tag in ein Sieb geben und gründlich spülen. Mit der Gemüsebrühe, Öl, Lorbeer und Oregano halb gar kochen. Karotten, Sellerie, Zwiebeln, Tomatenmark und Knoblauch hinzufügen und alle Zutaten gar köcheln. Zuletzt mit Essig, Zucker, Salz und Pfeffer abschmecken.

Tipp: Mit Oliven und Schafkäse serviert ergibt diese Suppe eine Hauptmahlzeit.

Kichererbsensuppe

Zutaten:

300 g Kichererbsen
1 l Wasser
2 Lorbeerblätter
4 Gewürznelken
3 mittelgroße Zwiebeln, fein geschnitten
1–2 TL körnige Gemüsebrühe
125 ml Olivenöl
1 Prise Gelbwurz
1 Prise Trikatu
Salz
Tamari
1 EL Zitronensaft
2 EL frische Kräuter (Petersilie, Koriander, Kerbel, Basilikum), fein gehackt

Zubereitung: Kichererbsen über Nacht in Wasser einweichen. Am nächsten Tag in ein Sieb geben und gründlich spülen. In Wasser kochen, bis sich weißer Schaum bildet, diesen abschöpfen.

Dann Lorbeer, Gewürznelken, Zwiebel, Gemüsebrühe und Öl zufügen und die Kichererbsen gar kochen.

Wenn die Kichererbsen bissfest sind, Gelbwurz, Trikatu, Salz und etwas Tamari zufügen und noch weitere fünf bis zehn Minuten köcheln lassen. Den Zitronensaft untermischen und fünf Minuten nachziehen lassen.

Wenn Sie die Suppe sämig möchten, können Sie einen Teil der Kichererbsen pürieren und unterrühren. Mit frischen Kräutern bestreut servieren.

Braune Linsensuppe

Zutaten:

200 g Linsen
2 Zwiebeln, fein geschnitten
1 Prise Hing-Pulver oder 3 ganze Knoblauchzehen, geschält
125 ml Olivenöl
1 l Gemüsebrühe
4 Kubeben
2 Lorbeerblätter
1 EL Apfelessig
2 EL Dinkelmehl
Schwarzer Pfeffer, frisch gemahlen
Salz

Zubereitung: Die Linsen waschen und über Nacht in Wasser einweichen. Am nächsten Tag in ein Sieb geben und nochmals abspülen.
Zwiebeln und Hing oder Knoblauch in Olivenöl andünsten. Mit der Gemüsebrühe aufgießen, Linsen, Kubeben und Lorbeer dazugeben, alle Zutaten gar kochen.
Lorbeerblätter entfernen. Essig mit Mehl verrühren, in die Suppe geben und diese nochmals aufkochen lassen. Zuletzt mit Pfeffer und Salz würzen.

Hinweise: *Hing* ist das Wurzelharz einer Pflanze, die mit dem Fenchel verwandt ist. Es wird auch «Stinkasant» oder «Teufelsdreck» genannt, weil das Aroma des rohen Gewürzes extrem stark riecht. Am besten ersteht man Hing als Pulver (meist ist es vermischt mit Bockshornklee). Hing sollte man sehr sparsam dosieren und niemals verwenden, ohne es vorher erhitzt zu haben!
Durch den Kochvorgang wird der Geschmack aromatisch und ähnelt dem des Knoblauchs. Es ist ein idealer Ersatz für

alle, die Knoblauch mögen, aber nicht vertragen (z.B. bei erhöhtem Pitta).
Im Ayurveda heißt es, dass Hing Giftstoffe und Ablagerungen aus dem Darm beseitigt, die Darmflora verbessert und damit auch Agni, das Verdauungsfeuer, stärkt.
Wie Knoblauch besitzt Hing eine erdende, abstumpfende Wirkung (tamasisch), dadurch ist es geeignet, überschießendes Vata zu dämpfen, das oft Blähungen verursacht.
Hing ist eine ideale Beigabe für Hülsenfrüchte und Kohlsorten.

Kubeben sind die Früchte eines Pfeffergewächses, dunkelbraune Kugeln mit einem kleinen Stielansatz. In Europa waren sie lange Zeit ein beliebtes Gewürz und sorgen heute noch für eine besonders gute Suppenbasis.
Der Geschmack erinnert an den der Gewürznelke, ist aber frischer.

Rote Linsenpüreesuppe

Zutaten:
250 g Rote Linsen
2 mittelgroße Kartoffeln, geschält, in Stücke geschnitten
2 Zwiebeln, grob gehackt
2 Lorbeerblätter
1 l Gemüsebrühe
2 Knoblauchzehen, gepresst
1 EL Zitronensaft
1 Prise Cayennepfeffer
Salz
Tamari
100 ml Creme fraiche
1 TL Nanaminze oder ½ TL Pfefferminze

Zubereitung: Die Linsen gründlich waschen. Mit Kartoffeln, Zwiebeln und Lorbeer in der Gemüsebrühe gar kochen (geht relativ rasch). Lorbeerblätter entfernen, Linsen pürieren.
Mit den übrigen Gewürzen pikant abschmecken und die Creme fraiche unterziehen.
Mit Nanaminze bestreut servieren.

Tipps: Wenn Sie etwas weniger Flüssigkeit zum Kochen verwenden, eignet sich dieses Rezept auch hervorragend als Linsenpüree.
Mit schwarzen Oliven garniert eine köstliche und unkomplizierte Vorspeise.

NAHRHAFTE GERICHTE MIT GEMÜSE, HÜLSENFRÜCHTEN UND KARTOFFELN

Ihr Körper benötigt eine ausgewogene, nährstoffreiche Mahlzeit am Tag. Die folgenden Rezepte bieten eine kulinarische Vielfalt, aus deren Angebot es nicht schwer sein dürfte, das für Sie passende Gericht auszuwählen.

Fenchel-Tomaten-Gratin

Zutaten:
4 mittelgroße Fenchelknollen
250 ml Gemüsebrühe
1 Zwiebel, fein geschnitten
1 EL Ghee
2 Tomaten, geschält und gewürfelt
Etwas Butter für die Auflaufform
3 EL Schlagobers
100 g Bergkäse, gerieben
Einige Butterflöckchen

Zubereitung: Die Fenchelknollen waschen, trockentupfen und der Länge nach durchschneiden. In der Gemüsebrühe weich garen. In der Zwischenzeit die Zwiebel in Ghee andünsten, Tomaten dazugeben, etwa 10 Minuten köcheln.
Den Fenchel aus der Brühe nehmen und in eine gefettete Auflaufform legen, Tomaten-Zwiebel-Mischung darüber verteilen. Obers mit 3 Esslöffeln Gemüsebrühe verrühren und über den Fenchel gießen. Mit Käse bestreuen und mit Butterflöckchen belegen. Bei 200°C im Backofen überbacken, bis die Oberfläche zu einer goldbraunen Kruste geworden ist.

Borschtsch

Zutaten:	2 Zwiebeln, grob gehackt 2 EL Olivenöl 250 g Weißkraut, fein gehobelt 1 ½ l Gemüsebrühe 2 Lorbeerblätter 5 Gewürznelken 8 schwarze Pfefferkörner 1 TL Kümmel, gemahlen 500 g Rote Rüben, gewürfelt 250 g Karotten, gewürfelt 250 g Sellerie, gewürfelt 200 g Tomaten, überbrüht, geschält und gewürfelt 250 g Kartoffeln, geschält und gewürfelt 2 EL Apfelessig Salz Tamari
Für den pikanten Sauerrahm:	250 ml Sauerrahm 2 Knoblauchzehen, gepresst 2 El Dill, fein gehackt Schwarzer Pfeffer, frisch gemahlen Salz

Zubereitung: Zwiebeln in Öl andünsten, das Kraut dazugeben und kurz mitdünsten. Mit Gemüsebrühe aufgießen.

Gewürze (ohne Tamari), rote Rüben, Karotten und Sellerie hinzufügen, 20 Minuten köcheln lassen. Tomaten und Kartoffel dazugeben und weitere 15 Minuten köcheln, bis alles weich ist. Zuletzt mit Essig, Salz und Tamari abschmecken.

Für den pikanten Sauerrahm alle Zutaten gut miteinander verrühren. Vor dem Servieren zwei Esslöffel Sauerrahm auf jede Portion Borschtsch geben. Dies ist nicht nur farblich eine schöne Ergänzung, sondern passt auch geschmacklich gut.

Hinweis: *Borschtsch* ist ein traditionelles Gericht aus Osteuropa, das aus Kraut, roten Rüben, Fleisch und etwas Kwass besteht. Kwass ist ein russisches, leicht alkoholisches Getränk, das aus vergorenem Brot und anderen Zutaten hergestellt wird.
Wir haben es auf vegetarische Bedürfnisse zugeschnitten und heute ist es eine sehr beliebte Hauptspeise in der Kräuterdrogerie, besonders zur kalten Jahreszeit.

Gedünstete Gurken in Käsecreme

Zutaten:

2 Gurken, geschält und gewürfelt
3 EL Ghee
125 ml Gemüsebrühe
125 ml Milch
150 g Bergkäse, gerieben
2 EL Dinkelmehl
Salz
Schwarzer Pfeffer, frisch gemahlen
1 EL Dill, fein gehackt

Zubereitung: Gurkenwürfel in Ghee andünsten, Gemüsebrühe zugießen und gar dünsten. Milch, Käse und Mehl verrühren. Zu den Gurken geben und unter ständigem Rühren köcheln lassen, bis eine cremige Konsistenz erreicht ist.
Mit Salz und Pfeffer abschmecken und mit Dill bestreut servieren.

Brokkoli mit Kokoscreme

Zutaten:

500 g Brokkoli
125 ml Gemüsebrühe
8 EL Kokoscreme
2 TL Zitronensaft
½ TL Honig
Salz
Weißer Pfeffer, frisch gemahlen (bei Kapha-Dominanz: Cayennepfeffer)
3 EL Mandelblättchen, ohne Fett goldbraun geröstet

Zubereitung: Den Brokkoli in Röschen teilen, die Stängel schälen und in 3 cm lange Stücke schneiden. In der Gemüsebrühe alles bissfest dünsten.

Die Kokoscreme mit Zitronensaft, Honig, Salz und Pfeffer mischen. Den Brokkoli auf die Teller verteilen und jede Portion mit 2 EL Kokoscreme übergießen. Mit den Mandelblättchen bestreuen.

Tipp: Eine ideale Speise bei Pitta-Dominanz.

Überbackenes Joghurt-Gemüse

Zutaten:

250 g Fisolen, in Stücke geschnitten
250 ml Gemüsebrühe
250 g Brokkoliröschen
250 g Zucchini, in Scheiben geschnitten
3 EL Ghee oder Olivenöl
1 Bund Frühlingszwiebeln, in Ringe geschnitten
2 Knoblauchzehen, gehackt
Etwas Butter für die Auflaufform
500 ml Joghurt 3,6%
4 Eier
2 TL Kräutersalz
Schwarzer Pfeffer, frisch gemahlen
Shoyu

Zubereitung: Die Fisolen in der Gemüsebrühe garen, zum Abtropfen in ein Sieb geben. Die Gemüsebrühe nochmals auf den Herd stellen und den Brokkoli ebenfalls darin kernweich garen und ebenfalls in ein Sieb geben.

Zucchinischeiben in Öl anrösten, Zwiebel und Knoblauch hinzufügen und weiterbraten, bis sie bissfest sind.

Das Gemüse in eine gefettete Auflaufform schichten. Joghurt mit den Eiern, Salz, Pfeffer und Shoyu versprudeln und über das Gemüse gießen. Bei 200°C backen, bis das Joghurt gestockt ist.

Tipp: Eine feine, leichte Hauptspeise. Dazu passen Karotten-Orangensalat oder gemischter Blattsalat. mit Tomaten und italienischem Dressing.

Karotten-Bananen-Gemüse

Zutaten:

1 Zwiebel, fein gehackt
1–2 EL Ghee
500 g Karotten, in dicke Scheiben geschnitten
1 TL Curry-Mischung
125 ml Gemüsebrühe
125 ml Orangensaft
2 feste Bananen, in Scheiben geschnitten
2 EL Rosinen
Salz
Schwarzer Pfeffer, frisch gemahlen
1 EL Petersilie, fein gehackt

Zubereitung: Zwiebel in Ghee andünsten, Karottenscheiben und Curry-Mischung hinzufügen, Gemüsebrühe zugießen und alle Zutaten bissfest garen. Orangensaft, Bananen und Rosinen unterrühren und fertig garen. Salzen, pfeffern und mit Petersilie bestreuen.

Zimtkarotten

Zutaten:

750 g Karotten, in Scheiben geschnitten
1 EL Ghee
1 EL Rohrohrzucker
1 TL Ceylon-Zimt, gemahlen
125 ml Gemüsebrühe
Salz
Weißer Pfeffer, frisch gemahlen
3 EL Kokosraspel, ohne Fett angeröstet

Zubereitung: Karottenscheiben in Ghee andünsten, Zucker und Zimt darüber streuen. Gut umrühren, mit Gemüsebrühe auffüllen und weich dünsten. Mit Salz und Pfeffer abschmecken und mit Kokosraspel bestreut servieren.

Karottenplätzchen

Zutaten:

500 g Karotten, fein gerieben
100 g Dinkelmehl
2 Eier
3 EL Petersilie, fein gehackt
Kräutersalz
Schwarzer Pfeffer, frisch gemahlen
1 Prise Cayenne
¼ TL Schabzigerklee oder Kreuzkümmel, gemahlen
Ghee zum Ausbacken

Zubereitung: Die geriebenen Karotten mit Mehl, Eiern und Petersilie vermischen, gut würzen und 15 Minuten ruhen lassen. Ghee erhitzen und die Karottenmasse darin esslöffelweise auf beiden Seiten ausbacken. Mit Dill-Rahmsauce oder Joghurt-Sauce «orientalisch» servieren.

Tipp: Ein Gericht, das Kapha stärkt und (ohne Cayenne) bei Kindern großen Anklang findet.

Kürbis mit Ingwer und Safran

Zutaten:

- 12 Safranfäden, in wenig heißem Wasser 10 Minuten eingeweicht
- 1 Zwiebel, gehackt
- 2 EL Ghee oder Sonnenblumenöl
- 1 TL Paprikapulver
- ½ TL Ingwerpulver
- 500 g gelber Kürbis, geschält und gewürfelt (oder 1 große Zucchini)
- 100 ml Gemüsebrühe
- 1 EL Zitronensaft
- 2 EL Petersilie, fein gehackt (oder 1 EL frische Korianderblätter)
- Schwarzer Pfeffer, frisch gemahlen
- Salz

Zubereitung: Safranfäden in etwas heißem Wasser einweichen. Zwiebel in Ghee oder Öl andünsten, Paprika, Ingwer, Kürbis und zuletzt das Safranwasser dazugeben. Kurz weiterdünsten. Nach einigen Minuten mit Gemüsebrühe aufgießen und garen, bis der Kürbis bissfest ist. Mit Salz und Pfeffer würzen. Mit Zitronensaft beträufeln und mit Petersilie bestreut servieren.

Tipp: Passt herrlich zu Basmati-Reis.

Hinweis: *Safran* ist ein Gewürz aus den getrockneten Stempeln der Safranpflanzenblüte. Es ist ein sehr starkes Würz- und Färbemittel. Safran ist sehr teuer, da die kleine Blüte nur drei Staubfäden hat, die mit der Hand gepflückt werden müssen.

Überbackener Kürbis

Zutaten:

ca. 1 ½ kg Hokkaido-Kürbis oder gelber Kürbis
Etwas Butter für die Auflaufform
1 Msp. Cayennepfeffer
3 EL Olivenöl oder Ghee
1/8 Liter Gemüsebrühe
3 EL Creme fraiche
½ TL Paprikapulver
Schwarzer Pfeffer, frisch gemahlen
Salz
1 EL Petersilie gehackt

Zubereitung: Den Kürbis schälen, waschen, teilen, die Kerne mit einem Löffel auskratzen und das Fruchtfleisch in ca. 4 x 4 cm große Würfel schneiden.
Eine feuerfeste Form einfetten, den Kürbis darin verteilen, salzen, mit Cayennepfeffer bestäuben und mit Öl oder flüssigem Ghee beträufeln.
Im Backofen bei 160 °C etwa 30 Minuten backen, bis der Kürbis weich ist. Gemüsebrühe mit Creme fraiche und Paprikapulver vermischen, über den Kürbis geben und nochmals 10 Minuten im ausgeschalteten Backofen stehen lassen. Mit frischem Pfeffer und Petersilie bestreut servieren.

Tipp: Passt als Vorspeise oder Beilage zu Reis.

Krauttopf mit Bulgur

Zutaten:
2 Zwiebeln, fein geschnitten
2 EL Olivenöl
750 g Weißkraut, fein gehobelt oder geschnitten
1 TL Rohrohrzucker
1 TL Kümmel, gemahlen
1 TL Paprikapulver
Salz
Schwarzer Pfeffer, frisch gemahlen
Tamari
500 ml Gemüsebrühe
100 g Bulgur
3 EL Tomatenmark
2 EL Petersilie, fein gehackt

Zubereitung: Zwiebeln in Öl andünsten. Kraut, Zucker und Gewürze hinzufügen und kurz weiterdünsten. Mit Gemüsebrühe aufgießen und halb gar kochen.Bulgur und Tomatenmark unterrühren, bei Bedarf noch etwas Wasser nachgießen. Köcheln lassen. Wenn der Bulgur weich ist, abschmecken und mit Petersilie bestreut servieren.

Tipp: Servieren Sie den Krauttopf pro Portion mit einem Klacks Sauerrahm. Dies ist nicht nur eine optisch und geschmacklich gute Ergänzung, sondern sättigt und macht dieses Gericht zur Hauptspeise.

Buntes Paprikagemüse

Zutaten:

50 g Rosinen
500 g Paprika, rot, gelb und grün; in Streifen geschnitten
3 EL Ghee
2 TL Rohrohrzucker
1 TL Curry-Mischung
½ TL frischer Ingwer, fein gehackt
125 ml Gemüsebrühe
1 EL Zitronensaft
Salz
Schwarzer Pfeffer, frisch gemahlen

Zubereitung: Rosinen mit etwas heißem Wasser überbrühen und 10 Minuten ziehen lassen. Paprikastreifen in Ghee andünsten, mit Zucker, Curry, Ingwer und Rosinen bestreuen, kurz darauf mit Gemüsebrühe aufgießen. Das Gemüse weich dünsten und mit Zitronensaft, Salz und Pfeffer abschmecken.

Tipp: Schmeckt sehr gut zu Bulgur.

Selleriegemüse in Ei-Zitronensauce

Zutaten:

2 Zwiebeln, fein geschnitten
4 EL Olivenöl
500 g Knollensellerie, geschält und gewürfelt
1 Lorbeerblatt
500 ml Gemüsebrühe
2 Eier
Saft von 1 Zitrone
Schwarzer Pfeffer, frisch gemahlen
Salz
Petersilie, fein gehackt

Zubereitung: Zwiebeln in Öl andünsten, Selleriewürfel und Lorbeerblatt hinzufügen und mit Gemüsebrühe aufgießen. Bissfest kochen und vom Herd nehmen. Die Eier mit dem Handmixer oder dem Schneebesen schaumig schlagen. Unter kräftigem Schlagen den Zitronensaft hinzufügen. Einige Löffel der heißen Flüssigkeit des Selleriegemüses unterrühren. Das Gemisch über das Gemüse gießen. Umrühren, nicht mehr kochen. Mit Salz und Pfeffer abschmecken und mit Petersilie bestreuen.

Spinat mit Mozarella

Zutaten:

700 g Spinat
2 Zwiebeln, fein gehackt
1 EL Ghee
2 Knoblauchzehen, gepresst
Muskatnuss, frisch gerieben
Salz
Shoyu
200 g Mozzarella
Schwarzer Pfeffer, frisch gemahlen

Zubereitung: Den Spinat waschen und in Streifen schneiden. Zwiebeln in Ghee andünsten, Spinat, Knoblauch und Muskat dazugeben, salzen und etwa 10 Minuten schmoren lassen. Bei Bedarf etwas Wasser dazugießen. Wenn der Spinat gar ist, mit Shoyu würzen. Den Mozzarella in dünne Scheiben schneiden, über den Spinat legen und schmelzen lassen. (Kochtopf mit einem Deckel schließen reicht) Mit einer Prise Pfeffer servieren.

Savilis Kartoffel-Gemüse-Gratin

Zutaten:

1 kg Kartoffeln
2 Kohlrabi
4 mittelgroße Karotten
6 EL Sonnenblumenöl
Kräutersalz
½ TL Koriander, gemahlen
Schwarzer Pfeffer, frisch gemahlen
3 EL Petersilie, fein gehackt
80 g Butter für die Form und als Flöckchen
Sesam
150 g würziger Käse, gerieben
125 ml Milch
2 Eier
250 ml Sauerrahm

Zubereitung: Das Gemüse schälen und fein hobeln. Mit Öl, Salz, Koriander, Pfeffer und Petersilie in einer Schüssel gründlich mischen.

Eine Auflaufform mit Butter einreiben und mit Sesam ausstreuen. Die Hälfte der Gemüse-Mischung in die Form streichen und mit der Hälfte des Käses bestreuen. Eine zweite Schicht Gemüse in die Form geben und den restlichen Käse darüber streuen. Die Masse mit der Milch übergießen.

Die Eier mit dem Rahm verrühren und über das Gemüse gießen. Mit Sesam bestreuen und mit Butterflöckchen belegen. Bei 200 °C backen, bis das Gemüse weich ist (45 bis 60 Minuten). Eventuell etwas Milch oder Gemüsebrühe nachgießen.

Tipp: Dazu passen südliche Tomatensauce und grüner Salat.

Mascarpone-Kartoffelgemüse

Zutaten:
750g Kartoffel, klein gewürfelt
250g Karotten, klein gewürfelt
1 Prise Koriander, gemahlen
1 Prise Kreuzkümmel, gemahlen
½ TL Prise Majoran
Salz
Schwarzer Pfeffer, frisch gemahlen
250 ml Gemüsebrühe
Etwas Butter für die Auflaufform
200g Mascarpone

Zubereitung: Kartoffeln und Karotten zusammen mit den Gewürzen in der Gemüsebrühe zugedeckt bissfest garen. Mit Salz und Pfeffer nachwürzen. Mit einem Schaumlöffel aus der Brühe heben, in eine gebutterte Auflaufform schichten, mit Mascarpone bestreichen, im Backrohr bei 180 °C leicht bräunen.

Tipp: Mascarpone-Kartoffelgemüse eignet sich als leichtes Hauptgericht mit Blattsalat ebenso wie als Beilage zu Laibchen.

Mung-Dhal

Zutaten:

300 g grüne Mungbohnen
1 EL Ghee
1 TL schwarze Senfsamen
1 TL Kreuzkümmelsamen
1 TL Koriander, gemahlen
½ TL Kurkuma (Gelbwurz)
½ TL Zimt oder eine dünne Zimtrinde
750 ml Gemüsebrühe
2 Knoblauchzehen, gehackt (oder etwas Hing)
1 frische grüne Chilischote, fein gehackt
Etwas Zitronensaft
Schwarzer Pfeffer, frisch gemahlen
Salz
1 TL Rohrohrzucker

Zubereitung: Die Mungbohnen gründlich waschen, einige Stunden in kaltem Wasser einweichen. Nochmals spülen und in einem Sieb abtropfen lassen. Ghee erhitzen, Senfsamen und Kreuzkümmel darin anrösten, bis sie zu platzen beginnen. Mungbohnen mit Koriander, Kurkuma und Zimt hinzufügen, mit Gemüsebrühe aufgießen.
Knoblauch oder Hing und Chili dazugeben und gar kochen. Mit Zitronensaft, Salz, Pfeffer und Zucker abschmecken.

Hinweise: *Dhals* – wie die Gerichte aus Hülsenfrüchten im Sanskrit heißen – sind in Indien Hauptnahrungsmittel. Um die Verdaulichkeit von Hülsenfrüchten zu verbessern, müssen sie gut gewürzt und wirklich weich und sämig gekocht werden. Dies klingt einfacher als es ist: Nach spätestens 10 Minuten sollten Sie ein Auge auf die Bohnen haben und gegebenenfalls Wasser oder Brühe nachgießen.

◄ Dasselbe Rezept (natürlich in verschiedenen Würzmöglichkeiten) eignet sich auch für braune Linsen, Dupuy-Linsen, Adzuki- und Kidneybohnen, gelbe Mungbohnen und getrocknete Erbsen.

Sesamkartoffel

Zutaten:

1 kg Kartoffeln
150 g Butter
4 EL Sesam
Schwarzer Pfeffer, frisch gemahlen
Salz
3 EL Tamari

Zubereitung: Kartoffeln waschen und mit der Gemüsebürste schrubben. Mit der Schale in relativ große Würfel schneiden. Die Butter schmelzen, mit den restlichen Zutaten vermischen und mit den Kartoffelwürfeln vermengen. In eine Kasserolle geben und bei 200 °C im Rohr backen, bis die Kartoffeln weich sind.

Tipp: Sesamkartoffel schmecken zu gedünstetem Gemüse oder zu einer großen Portion Salat.

Rote-Linsen-Dhal

Zutaten:

250 g Rote Linsen
½ TL Kurkuma
½ TL Koriander, gemahlen oder Garam Masala
½ TL Kreuzkümmel, gemahlen
500 ml Gemüsebrühe
1 Zwiebel, fein gehackt
2 EL Ghee
1 TL Rohrohrzucker
½ TL Ingwer
½ TL Zimt, gemahlen
Langer Pfeffer, frisch gemahlen oder Trikatu
Salz

Zubereitung: Die Linsen gründlich waschen, mit Kurkuma, Koriander und Kreuzkümmel in der Gemüsebrühe gar kochen, bis ein cremiger Brei entstanden ist, eventuell noch etwas Wasser nachgießen. In der Zwischenzeit die Zwiebel in Ghee mit Zucker, Ingwer und Zimt weich dünsten, anschließend unter den fertigen Linsenbrei rühren. Zuletzt mit Pfeffer und Salz nachwürzen.

Überbackene weiße Bohnen

Zutaten:

500 g große weiße Bohnen
2 Zwiebeln, halbiert
3 mittelgroße Karotten, in Stücke geschnitten
1 Sellerieknolle, geschält
250 g Zwiebel, klein gehackt
3 Paprika (rot oder grün), in Streifen geschnitten
3 Knoblauchzehen, gehackt
125 ml Olivenöl
600 g Tomaten, gehäutet und gewürfelt
Salz
1 TL Rohrohrzucker
1 TL Paprikapulver edelsüß
1 TL Oregano oder Nanaminze
Schwarzer Pfeffer, frisch gemahlen
4 El Petersilie, fein gehackt

Zubereitung: Die Bohnen über Nacht in Wasser einweichen. Am nächsten Tag in frischem Wasser mit den halbierten Zwiebeln, den Karotten und der Sellerie fast gar kochen. Gehackte Zwiebel, Paprikastreifen und Knoblauch in Öl (unbedingt die angegebene Menge verwenden) anschmoren, Tomaten hinzufügen und sehr kräftig mit Salz und den übrigen Gewürzen würzen, weiter schmoren und eindicken lassen. Die Bohnen zum Abtropfen in ein Sieb geben, das mitgekochte Gemüse entfernen. Mit der Tomatensauce und der Petersilie vermischen und in einer Kasserolle im Backofen bei 160 °C noch etwa 30 Minuten überbacken. Eventuell noch mit etwas Olivenöl beträufeln. Am besten kalt oder lauwarm servieren.

Tipp: Dieses Gericht eignet sich auch als Vorspeise oder für's Buffet.

Braune Linsen mit Gemüse

Zutaten:

250 g braune Linsen
2 Zwiebeln, fein gehackt
5 EL Olivenöl
250 g Karotten, gewürfelt
250 g Sellerie, gewürfelt
2 Knoblauchzehen, gepresst
1 Lorbeerblatt
Je ½ TL Rosmarin, Thymian, Oregano, Basilikum
500 ml Gemüsebrühe
2 El Apfelessig
Salz
Schwarzer Pfeffer, frisch gemahlen
Tamari

Zubereitung: Die Linsen gründlich waschen, einige Stunden einweichen. In ein Sieb geben, spülen.

Die Zwiebeln in Öl andünsten, Karotten, Sellerie, Knoblauch, Kräuter und Linsen hinzufügen, mit Gemüsebrühe auffüllen. Das Gemüse gar kochen, wenn nötig, noch etwas Wasser nachgießen.

Zum Schluss mit Essig, Salz, Pfeffer und Tamari säuerlich-pikant abschmecken.

KÖSTLICHE REZEPTIDEEN RUND UM DIE NUDEL

Alle angegebenen Nudelrezepte eignen sich für Vollkornnudeln (mehr Ballaststoffe, aber erhöhte Tendenz, zu kleben), Sojanudeln (hoher Eiweißgehalt, ausgezeichneter Geschmack) und biologische helle Nudeln. Die Kochzeiten der verschiedenen Nudelsorten variieren sehr stark, halten Sie sich deshalb bitte an die Angaben auf den Packungen.

Tagliatelle mit grünem Spargel

Zutaten:

- 2 Frühlingszwiebeln, in feine Ringe geschnitten
- 500g grüner Spargel, in 2cm lange Stücke geschnitten
- 2 EL Ghee
- 100g Creme fraiche
- 2 EL Petersilie, fein gehackt
- Salz
- Schwarzer Pfeffer, frisch gemahlen
- Etwas Zitronensaft
- 500g Tagliatelle, bissfest gekocht

Zubereitung: Frühlingszwiebeln und Spargel in Ghee bissfest dünsten, Creme fraiche und Petersilie unterrühren, mit Salz, Pfeffer und Zitronensaft abschmecken. Portionsweise mit den warmen Nudeln anrichten.

Asiatische Nudelsuppe

Zutaten:

50g Glasnudeln
1 Frühlingszwiebel (oder Lauch), in feine Ringe geschnitten
1 El frischer, geriebener Ingwer
200g Chinakohl, in feine Streifen geschnitten
1 Karotte, in dünne Scheiben geschnitten
2 EL Erdnuss- oder Sesamöl
1 l Gemüsebrühe
1 EL Tamari
1 Prise Cayennepfeffer

Zubereitung: Glasnudeln 10 Minuten in heißem Wasser ziehen lassen, anschließend durch ein Sieb abgießen.
Frühlingszwiebel, Ingwer, Chinakohl und Karotte kurz in Öl anbraten, mit heißer Gemüsebrühe aufgießen, die Glasnudeln dazugeben und alle Zutaten 5 Minuten garen.
Mit Tamari und Cayennepfeffer abschmecken.

Tipp: Wenn Sie zuletzt mit 1 Esslöffel geröstetem Sesamöl würzen, schmeckt diese Suppe noch interessanter.

Nudel-Gemüsegratin

Zutaten:

200g Melanzani, gewürfelt
3 EL Olivenöl
200g Zucchini, gewürfelt
2 Knoblauchzehen, gepresst
250g Champignons oder
 Austernpilze, geschnitten
750g reife Tomaten, geschält und gewürfelt
1 EL Kräuter der Provence
Salz
Schwarzer Pfeffer, frisch gemahlen
300g Penne, bissfest gekocht
80g Bergkäse gerieben (würzig) oder 150g
Mozzarella in Scheiben (mild)

Zubereitung: Melanzaniwürfel im Öl anzudünsten, Zucchiniwürfel und Knoblauch hinzufügen. Kurz andünsten, dann Champignons und die Tomaten dazugeben.
Mit Salz, Pfeffer und Kräutern würzen und weich garen. Mit den Nudeln gründlich vermischen, in eine gefettete Auflaufform schichten, mit dem Bergkäse bestreuen oder mit Mozzarella belegen und im vorgeheizten Backrohr bei 200°C ca. 20 Minuten goldgelb backen.

Ritas eleganter Nudelsalat

Zutaten:

Je ½ TL Rosmarin, Oregano, Basilkum, getrocknet
500ml Gemüsebrühe
Salz
250g dicke Suppennudeln
2 große Tomaten
250g Zucchini, grob geraspelt
1 Bund Basilikum, die Blättchen in feine Streifen geschnitten
5 EL Apfelessig oder Balsamico
3 Schalotten, sehr fein gehackt
Schwarzer Pfeffer, frisch gemahlen
6 EL Olivenöl

Zubereitung: Rosmarin, Oregano und getrocknetes Basilikum in der Gemüsebrühe 5 Minuten köcheln, sofort durch ein Sieb in einen Kochtopf gießen. Die Flüssigkeit mit Wasser auf 2 Liter auffüllen, Salz zufügen und die Nudeln darin bissfest kochen. In ein Sieb gießen, eiskalt abschrecken und gut abtropfen lassen.

Die Tomaten mit kochendem Wasser überbrühen, die Haut abziehen und die Kerne entfernen. Fruchtfleisch würfeln, mit Zucchini, Basilikumstreifen und Nudeln vermischen.

Essig mit Schalotten, Salz und Pfeffer verrühren, das Olivenöl langsam zugießen, während man das Dressing mit dem Schneebesen cremig rührt. Alles vermengen und eine Stunde ziehen lassen, eventuell nachwürzen.

Gemüselasagne

Für die Gemüsesauce:	300g Karotten 300g Sellerie 200g Lauch 300g Zucchini oder Champignons 2 Zwiebeln, fein geschnitten 3 EL Olivenöl Knoblauch, fein gehackt, nach Geschmack 3 EL Tomatenmark 1 TL Curry 1 Lorbeerblatt 1 Prise Muskatnuss, gerieben Kräutersalz Schwarzer Pfeffer, frisch gemahlen 125ml Weißwein 250ml Gemüsebrühe
Butter für die Auflaufform:	300–400 g Lasagneblätter (vorgekocht) 100–150g geriebener Parmesan Butterflöckchen
Für die Bechamelsauce:	3 EL Dinkel- oder Weizenmehl 500ml Milch 3–4 EL Butter 1 Prise Muskatnuss, gerieben Salz Weißer Pfeffer, frisch gemahlen

Zubereitung: Gemüse grob raspeln, mit den Zwiebeln im Öl andünsten. Knoblauch, Tomatenmark und Gewürze dazugeben, mit Wein und Brühe aufgießen, 20 Minuten dünsten, abschmecken.

In der Zwischenzeit die Béchamelsauce vorbereiten. Dafür das

Mehl ohne Fett anrösten. Wenn es zu duften beginnt, vom Herd nehmen und abkühlen lassen. Mit dem Schneebesen die Milch einrühren, aufkochen, und 2 Minuten unter Rühren köcheln lassen. Butter und Gewürze zufügen.
Eine Auflaufform mit Butter ausstreichen. Den Boden mit Gemüsesauce bedecken, Lasagneblätter darauf legen, dann schichtweise etwas Gemüsesauce, 4–5 Esslöffel Béchamel und etwas Parmesan darüber geben, bis alles verbraucht ist.
Mit Butterflöckchen belegen. Bei 180°C etwa 30 Minuten überbacken, bis die Oberfläche schön gebräunt ist.

Tipp: Dieses Rezept kann in gleicher Weise auch mit gekochten Hörnchennudeln oder Makkaroni zubereitet werden.

Grüne Nudeln mit Radicchio

Zutaten:

2 Schalotten, fein gehackt
1 Prise Hing
3 EL Olivenöl
350g Radicchio (oder Trevisano), die Blätter in feine Streifen geschnitten
75g Walnusskerne, grob gehackt
1–2 EL Balsamico
500 g grüne Bandnudeln, bissfest gekocht
Salz
Schwarzer Pfeffer, frisch gemahlen
Geriebener Parmesan

Zubereitung: Schalotten mit Hing in Olivenöl glasig dünsten, Radicchio und Walnüsse hinzufügen und bissfest dünsten. Mit Salz und Pfeffer würzen und mit Balsamico verrühren. Mit den Nudeln vermischen, mit Parmesan überstreut anrichten.

Tipp: Statt Radicchio kann für die Vata-Konstitution Mangold verwendet werden.

Hinweis: Dieses Nudelrezept ist besonders für Pitta- und Kapha-Konstitution geeignet, da der bittere Geschmack des Radicchio beiden gut tut.

PIKANTES AUS GETREIDE

Getreidegerichte sind das Herzstück der europäischen Vollwertküche – reich an Spurenelementen, Mineralstoffen, Vitaminen, natürlichen Fetten und Ballaststoffen.

Wir sind es gewöhnt, Getreide vorwiegend in Form von Brot zu uns zu nehmen. Und es schmeckt ja auch wunderbar – mit Aufstrich, zu einem Salat oder als Topfenbrot mit Schnittlauch... Zu viel Brot kann sich allerdings negativ auf unser Verdauungssystem auswirken, besonders wenn es sich um «normales» Weiß- oder Graubrot mit Zusatzstoffen und Bäckerhefe handelt. Darum sollten Sie auf Abwechslung achten.

Getreide lässt sich hervorragend für Hauptspeisen verwenden. Erfreuen Sie sich an der Vielfalt der folgenden Gerichte und lassen Sie es sich gut schmecken!

Nach ein paar Experimenten werden Sie sehen, dass die Zubereitung keine Hexerei ist. Für Gerichte mit geschrotetem Getreide können Sie den Schrot schon am Abend zuvor zubereiten. Dies verkürzt die Zeit des Kochens, weil Sie nicht aufs Quellen warten müssen.

Getreidegerichte sind im Sinne des Ayurveda süss, verringern Vata und Pitta und bauen Kapha auf.

Hinweis: *Buchweizen* zählt zu den Knöterichgewächsen. Er stammt aus Zentralasien und wird seit dem Mittelalter in Europa angebaut, als ihn die Kreuzritter und Sarazenen hierher brachten.

Im Ayurveda gilt Buchweizen als nützliche Speise bei vermehrtem Kapha.

Buchweizen-Grundrezept

Zutaten:

250 g Buchweizen
500 ml heiße Gemüsebrühe
1 Lorbeerblatt
½ TL Koriander, gemahlen
1 TL Kräuter der Provence
Salz

Zubereitung: Buchweizen in einem Topf ohne Fett bei mittlerer Hitze unter Rühren anrösten, bis er zu duften beginnt.
Mit der heißen Gemüsebrühe aufgießen, Lorbeerblatt, Koriander und Kräuter der Provence zufügen, kurz aufkochen, dann ohne weitere Hitzezufuhr zugedeckt quellen lassen.

Tipp: Buchweizen eignet sich statt Reis oder Dinkelgrütze gut als Beilage zu Gemüse und Salat, vor allem bei Kapha-Konstitution.

Buchweizen-Käse-Auflauf

Zutaten:

1 Menge (250 g) Buchweizen, nach dem Grundrezept (siehe oben) zubereitet
2 Eiweiß
2 EL Butter
2 Eigelb
200 g geriebener Käse
2 Knoblauchzehen, gepresst
Schwarzer Pfeffer, frisch gemahlen
Salz
Tamari
3 Tomaten, in Scheiben geschnitten
Butterflöckchen (bei ausgeprägtem Vata)

Zubereitung: Eiweiß mit einer Prise Salz zu steifem Schnee schlagen, die Butter mit den Eigelb schaumig rühren. Den ausgekühlten Buchweizen mit dem Käse und der Eigelb-Butter-Mischung verrühren, den Eischnee vorsichtig unterheben.
Mit Knoblauch, Salz, Pfeffer und Tamari abschmecken. Die Masse in eine gebutterte Auflaufform streichen, mit Tomatenscheiben und Butterflöckchen belegen und im Backofen ca. 30 Minuten bei 180 °C backen.

Bulgur (pikantes Grundrezept)

Zutaten:
1 Tasse Bulgur
3 EL Butter
1 EL Tomatenmark (nach Geschmack)
2 Tassen heiße Gemüsebrühe
2 Knoblauchzehen, gepresst
1 Prise Rohrohrzucker
Salz

Zubereitung: Bulgur in Butter anrösten, Tomatenmark hinzufügen und mit Gemüsebrühe aufgießen. Die übrigen Zutaten beifügen, kurz aufkochen, Herd ausschalten, auf der noch warmen Platte mindestens 30 Minuten zugedeckt quellen lassen.

Hinweise: *Bulgur* ist Hartweizen, der gekocht, gedarrt und anschließend zu grobem Grieß gebrochen wird.Durch diese Vorbehandlung ist er sehr schnell zubereitet und leicht verdaulich. Kinder mögen ihn sehr gerne, er schmeckt neutral und kann als Beilage ebenso verwendet werden wie als Hauptgericht.
In manchen Geschäften ist Bulgur unter dem Begriff «Perlweizen» erhältlich.
Besonders wohlschmeckend und mineralstoffreich ist Dinkelbulgur.
Vata und Kapha lieben seine gute Verdaulichkeit und seine leicht wärmenden Eigenschaften.

Dinkel-Karotten-Auflauf

Zutaten:

250 g Dinkel
1 EL Instant-Gemüsebrühe
1 Lorbeerblatt
½ TL Koriander
½ TL Basilikum (getrocknet)
500 g Karotten, in Scheiben geschnitten
125 ml Sauerrahm
2 Eier
2 EL Petersilie
Schwarzer Pfeffer, frisch gemahlen
Salz
Tamari
Semmelbrösel
Butter für die Auflaufform
50 g geriebener Käse
(bei Kapha-Konstitution weglassen)

Zubereitung: Den Dinkel über Nacht in der doppelten Menge Wasser einweichen. Am nächsten Tag im Einweichwasser mit Gemüsebrühe, Lorbeer, Basilikum und Koriander weich kochen. Mindestens 20 Minuten quellen lassen, dann das restliche Kochwasser abgießen. Das Kochwasser enthält Mineralstoffe und Spurenelemente – am besten für Suppe oder Sauce verwenden.

In der Zwischenzeit die Karottenscheiben in etwas Gemüsebrühe weich dünsten. Auskühlen lassen, zum Abtropfen in ein Sieb geben, anschließend mit Sauerrahm und Eiern pürieren. Karottenpüree mit Dinkel und Petersilie vermischen, mit Salz, Pfeffer und Tamari abschmecken. Falls die Masse noch flüssig ist, mit Bröseln vermischen, bis eine cremige Konsistenz erreicht ist. Eine Auflaufform mit Butter ausstreichen und mit Bröseln bestreuen. Die Dinkel-Karottenmasse hineinstreichen. Mit Käse und einer Schicht Brösel bestreuen, mit Butterflöckchen belegen. Bei 180 °C ca. 30 Minuten in Backofen backen.

Dinkel-Champignon-Auflauf

Zutaten:

500 ml Gemüsebrühe
1 Lorbeerblatt
½ TL Liebstöckel
½ TL Majoran
250 g Dinkel, grob geschrotet
2 EL Butter
300 g Champignons, blättrig geschnitten
2 EL Ghee
Muskatnuss, frisch gerieben
Tamari
Schwarzer Pfeffer, frisch gemahlen
Salz
2 EL Butter für die Auflaufform
100 g gerieben Käse, nach Belieben und Verdauungskraft

Zubereitung: Gemüsebrühe mit Lorbeer, Liebstöckel und Majoran aufkochen. Dinkelschrot einrühren, kurz köcheln lassen, dann Hitze abschalten, 2 EL Butter zufügen und zugedeckt etwa 15 Minuten ausquellen lassen.
Champignons kurz in Ghee dünsten, mit Muskat, Tamari und Pfeffer würzen. Den ausgekühlten Schrot mit Salz und Tamari nachwürzen und in eine gebutterte Auflaufform streichen. Darüber die Champignons schichten. Mit Käse bestreuen und bei ca. 180 °C ca. 30 Minuten im Backofen überbacken.

Dinkellaibchen

Zutaten:

450 ml Gemüsebrühe
1 EL getrocknete Kräuter (Basilikum, Thymian, Rosmarin)
1 Lorbeerblatt
200 g Dinkel, geschrotet
1 EL Butter
1 EL Petersilie, fein gehackt
1 Knoblauchzehe, gepresst
1 Tasse geraspeltes gedünstetes Gemüse (nach Belieben)
Schwarzer Pfeffer, frisch gemahlen
Salz
Ghee zum Ausbacken

Zubereitung: Gemüsebrühe mit den getrockneten Kräutern und dem Lorbeerblatt aufkochen. Den Dinkelschrot einrühren. Kurz aufkochen lassen, vom Herd nehmen und zugedeckt 15 Minuten quellen lassen.
Mit Butter, Petersilie, Knoblauch (und dem gedünsteten Gemüse) vermischen, gut würzen.
Mit nassen Händen kleine Laibchen formen, in Mehl oder Bröseln wälzen und in Ghee herausbacken.

Bulgur auf Selleriekanapee

Zutaten:

Bulgur nach Grundrezept (siehe Seite 207) zubereitet
4–8 Scheiben Sellerie, ca. 1,5 cm dick
Etwas Gemüsebrühe
Zitronensaft
1 Zwiebel, fein gehackt
1 EL Ghee
200 g Champignons, fein geschnitten
Salz
2 EL Petersilie, fein gehackt
Schwarzer Pfeffer, frisch gemahlen
Tamari
50 g Käse, gerieben
Butterflöckchen

Zubereitung: Selleriescheiben in wenig Gemüsebrühe und Zitronensaft bissfest garen. Zwiebel in Ghee glasig dünsten, Champignons hinzufügen und gar dünsten. Etwas salzen.

Die Champignons mit dem Bulgur und der Petersilie mischen, mit Salz, Pfeffer und Tamari pikant abschmecken.Die Selleriescheiben auf ein gefettetes (oder mit Backpapier ausgelegtes) Backblech legen.

Eine kleine Tasse oder Form mit kaltem Wasser ausspülen, den Bulgur portionsweise hineindrücken und auf jeweils eine Selleriescheibe setzen. Diese mit Käse bestreuen, mit einem Butterflöckchen belegen und bei 180 °C kurz im Backofen überbacken, bis der Käse geschmolzen ist. Mit Zitronensauce servieren.

Dinkel-Käse-Curry-Laibchen (knusprig und pikant)

Zutaten:
450 ml Gemüsebrühe
1 Lorbeerblatt
1 Prise Macis
200 g Dinkel, geschrotet
70 g geriebenen Käse
1 TL Curry-Mischung
1 EL Butter
Ghee zum Ausbacken

Zubereitung: Gemüsebrühe mit Lorbeer und Macis aufkochen. Den Dinkelschrot einrühren. Kurz aufkochen lassen, vom Herd nehmen und zugedeckt mindestens 15 Minuten ausquellen lassen.
Den abgekühlten Dinkelschrot mit dem Käse und der Curry-Mischung vermengen, mit nassen Händen Laibchen formen und in Ghee ausbacken.

Tipp: Dazu schmecken orientalische Joghurtsauce oder Joghurtsauce mit Kräutern.

Hinweise: *Macis (Muskatblüte)* ist der faserige Samenmantel, von dem die Muskatnuss umgeben ist. Sie hat ein charakteristisches Aroma und wird als Gewürz verwendet.
Das Wort *Curry* stammt vom tamilischen Wort «Kari», das Sauce bedeutet. Und für diese Sauce kommt es auf die Gewürzmischung an. Curry-Mischungen, die in Mitteleuropa am Markt sind, enthalten fast immer Bockshornkleesamen (typisches Aroma) und Gelbwurzel (typische Farbe), daneben Gewürze wie Koriander, Kreuzkümmel und Ingwer.

Gerste-Kohl-Auflauf

Zutaten:

200 g Gerste, grob geschrotet
500 ml heiße Gemüsebrühe
1 Lorbeerblatt
½ Tl Koriander, gemahlen
½ Tl Kreuzkümmel, gemahlen
1 Zwiebel, fein gehackt
2 EL Butter oder Ghee
400 g Kohl, in Streifen geschnitten
2 TL Curry-Mischung
2 Knoblauchzehen, gepresst
Schwarzer Pfeffer, frisch gemahlen
Salz
Tamari
2 Eigelb
2 Eiweiß
Butter für die Auflaufform
Semmelbrösel
Butterflöckchen
100 g Käse, gerieben

Zubereitung: Gerste ohne Fett in einem Edelstahltopf unter Rühren anrösten, bis sie zu duften beginnt.

Gemüsebrühe, Lorbeer, Koriander und Kreuzkümmel zufügen, kurz köcheln, vom Herd nehmen und zugedeckt mindestens 30 Minuten quellen lassen. In der Zwischenzeit die Zwiebel in Butter oder Ghee andünsten, den Kohl hinzufügen und mit wenig Wasser bissfest dünsten. Mit Curry, Knoblauch, Salz, Pfeffer und Tamari gut würzen.

Den abgekühlten Gerstenschrot mit der Kohl-Zwiebel-Mischung und dem Eigelb vermischen. Eiweiß steif schlagen und vorsichtig unterheben. Die Masse in eine gebutterte, mit Semmelbröseln bestreute Auflaufform streichen. ▶

◄

Mit Käse und Bröseln bestreuen und nach Geschmack mit Butterflöckchen belegen. Bei 180 °C ca. 30 Minuten im Backofen überbacken.

Gerste-Sellerie-Auflauf

Zutaten:

200 g Gerste, grob geschrotet
500 ml heiße Gemüsebrühe
1 Lorbeerblatt
½ TL Liebstöckel
½ TL Basilikum
500 g Knollensellerie, gewürfelt
2 EL Öl
Salz
Schwarzer Pfeffer, frisch gemahlen
Shoyu
125 ml Sauerrahm
50 g Käse, gerieben
Butterflöckchen nach Belieben

Zubereitung: Gerste ohne Fett unter Rühren anrösten, bis sie zu duften beginnt. Mit Gemüsebrühe aufgießen, Lorbeer, Liebstöckel und Basilikum dazufügen. Kurz köcheln, vom Herd nehmen und mindestens 30 Minuten zugedeckt quellen lassen. Selleriewürfel in Öl andünsten, dann mit wenig Wasser bissfest garen, gut würzen. Abkühlen lassen. Sellerie, Gerste und Sauerrahm mischen, in eine gebutterte Auflaufform streichen, mit Käse und bei Bedarf mit Butterflöckchen belegen und bei 180 °C ca. 30 Minuten im Backofen überbacken.

Gerste-Käse-Krapferl

Zutaten:

200 g Gerste, geschrotet
500 ml heiße Gemüsebrühe
1 Lorbeerblatt
1 TL Kräuter der Provence
1 TL Curry-Mischung
Salz oder Tamari
1–2 Knoblauchzehen, gepresst
1 EL Butter
50 g geriebener Käse
1 TL Senf
1 EL Petersilie, fein gehackt
1 Ei (nach Belieben)
Ghee zum Ausbacken
Mehl zum Wenden

Zubereitung: Gerste ohne Fett unter Rühren anrösten, bis sie zu duften beginnt. Mit der heißen Gemüsebrühe aufgießen, alle Gewürze außer Senf dazugeben. Kurz aufkochen lassen, vom Herd nehmen und mindestens 30 Minuten ausquellen lassen. Butter unterrühren, abkühlen lassen.

Mit Käse, Senf, Petersilie und nach Geschmack mit dem Ei mischen. Bei Bedarf salzen. Mit nassen Händen kleine Laibchen formen, in Mehl wenden und in Ghee knusprig braten.

Delikate Grießknödel in der Auflaufform

Zutaten:
2 Tassen Gemüsebrühe
1 Lorbeerblatt
1 Prise Muskatnuss, frisch gerieben
1 Prise Koriander, gemahlen
1 Tasse grober Vollkorngrieß
1 Zwiebel, fein geschnitten
2 EL Butter
1 Tasse Vollkorn-Brotwürfel
2 verquirlte Eier
2 EL Petersilie, fein gehackt
Schwarzer Pfeffer, frisch gemahlen
Salz
Tamari
Etwas geschmolzene Butter

Zubereitung: Gemüsebrühe mit Lorbeer, Muskatnuss und Koriander aufkochen. Grieß einrühren und kurz aufkochen lassen. Vom Herd nehmen und mindestens 30 Minuten ausquellen lassen. In der Zwischenzeit die Zwiebel in der Butter glasig dünsten, die Brotwürfel dazugeben und anrösten, bis sie leicht bräunen und zu duften beginnen. Das Backrohr auf 180 °C vorheizen. Den ausgekühlten Grieß mit der Zwiebel-Brotmasse, den Eiern und der Petersilie mischen. Mit Pfeffer, Salz und Tamari würzen. Aus der Masse mit nassen Händen kleine Knödel formen und in eine gebutterte Auflaufform setzen.
125 ml warmes Wasser mit Tamari und geschmolzener Butter verrühren und über die Knödel gießen. Die Form mit einem Deckel oder mit Alu-Haushaltsfolie verschließen und bei 180 °C ca. 20 Minuten im Backofen garen.

Tipp: Dazu schmeckt Dill-Rahm-Sauce oder Champignonsauce.

Kochdinkel und Dinkelgrütze

Für den Kochdinkel werden die Randschichten der Getreidekörner abgeschliffen, was eine rasche Zubereitung und eine bessere Verdaulichkeit gegenüber dem ganzen Dinkelkorn bewirkt.

Für die Dinkelgrütze wird das Getreide geschrotet und schonend durch Zufuhr von Wärme behandelt. Die Körner werden dadurch aufgeschlossen und sind leicht verdaulich. Sie können sie ebenso zubereiten wie Kochdinkel.

Zutaten:

1 TL Schwarze Senfkörner
1 TL Kreuzkümmel
2 EL Ghee
4 Tassen heiße Gemüsebrühe
Salz
Schwarzer Pfeffer, frisch gemahlen
1 ½ Tassen Kochdinkel oder Dinkelgrütze

Zubereitung: Senfkörner und Kreuzkümmel in Ghee anrösten, bis sie platzen. Mit Gemüsebrühe aufgießen, den Kochdinkel unterrühren, salzen und pfeffern und zugedeckt auf kleiner Flamme köcheln lassen.
Wenn das Wasser aufgesogen ist, die Hitze abschalten und den Dinkel ausquellen lassen.

Tipp: Kochdinkel eignet sich als Beilage zu Paprikagemüse, zu Gurken in Käse-Rahmsauce und zu vielen anderen Gemüsegerichten. Er schmeckt ebenso wie zu Dhals und Chutneys.

Grünkernauflauf mit Brokkoli

Zutaten:

500 ml Gemüsebrühe
1 Lorbeerblatt
½ TL Basilikum
½ TL Thymian
250 g Grünkern, nicht zu grob geschrotet
300 g Brokkoli
3 EL Butter
2 Knoblauchzehen, gepresst
Tamari
Kräutersalz
Schwarzer Pfeffer, frisch gemahlen
50 g geriebener Käse
125 ml Sauerrahm
2 Eier
2 EL Petersilie, fein gehackt
Butterflöckchen

Zubereitung: Gemüsebrühe mit Lorbeer, Basilikum und Thymian aufkochen, den Grünkernschrot einrühren, kurz aufkochen lassen, vom Herd nehmen und mindestens 30 Minuten zugedeckt quellen lassen.

In der Zwischenzeit den Brokkoli in Röschen teilen, in der Butter andünsten, Knoblauch dazugeben, mit Tamari, Salz und Pfeffer würzen und in wenig Wasser bissfest dünsten.

Das Backrohr auf 180 °C vorheizen.

Den abgekühlten Grünkernschrot mit Käse, Petersilie und Brokkoli vermischen, nachwürzen.

In eine gebutterte Auflaufform streichen. Sauerrahm mit Eiern, Pfeffer und etwas Tamari verrühren und über den Auflauf gießen. Mit Butterflöckchen belegen und ca. 30 Minuten bei 180 °C backen.

◂ **Tipp:** Dazu passt Püree aus gelben Rüben, Zitronensauce oder Tomatensauce.

Grünkernknödel

Zutaten:

500 ml Gemüsebrühe
1 Lorbeerblatt
1 TL Majoran
1 Prise Muskatnuss, frisch gerieben
250 g Grünkern, geschrotet
2 Eier oder 125 ml Sauerrahm
1 TL Senf
2 Knoblauchzehen, gepresst
1 TL Paprika edelsüß
Kräutersalz
Tamari
Butter für die Form
125 ml warmes Wasser
3–4 EL geschmolzene Butter

Zubereitung: Gemüsebrühe mit Lorbeerblatt, Majoran und Muskat aufkochen, den Grünkernschrot einrühren und kurz aufkochen lassen. Vom Herd nehmen und mindestens 30 Minuten zugedeckt ausquellen lassen. Das Backrohr auf 180 °C vorheizen. Den ausgekühlten Grünkernschrot mit Eiern oder Sauerrahm, Senf, Knoblauch und Paprika mischen. Mit Kräutersalz und Tamari würzen. Mit nassen Händen kleine Knödel formen und in eine gebutterte Auflaufform setzen.

125 ml warmes Wasser mit Tamari und geschmolzener Butter verrühren und über die Knödel gießen. Die Form mit einem Deckel oder mit Alu-Haushaltsfolie verschließen und bei 180 °C ca. 20 Minuten im Backofen garen. ▸

◂ **Tipp:** Dazu schmecken Kapernsauce, Lauchcreme oder Selleriegemüse in Ei-Zitronen-Sauce.

Hinweis: *Grünkern* ist Dinkel. Das Getreide in der Milchreife geerntet und danach gedarrt, d.h. unter Einwirkung von Wärme getrocknet. Deshalb schmeckt Grünkern pikanter als alle anderen Körner und verträgt auch kräftiges Würzen sehr gut.

Hafer auf Gemüsebett

Zutaten:

250 g Hafer
240 ml – 1 l heiße Gemüsebrühe
1 Lorbeerblatt
½ TL Koriander, gemahlen
4 EL Butter
2 Stangen Lauch (Porree), in Ringe geschnitten
3 mittelgroße Karotten, geraspelt
Schwarzer Pfeffer, frisch gemahlen
Salz
Tamari
Haferflocken nach Bedarf
Butter für die Auflaufform
Sesam zum Ausstreuen
2 Eier
50 g Käse, gerieben
125 ml Sauerrahm
2 Tomaten, in Scheiben geschnitten
Butterflöckchen

Zubereitung: Hafer in einem Topf ohne Fett rösten, bis er zu duften beginnt. Heiße Gemüsebrühe mit Lorbeer und Koriander zugießen und den Hafer auf kleiner Hitze weich kochen. Zwei Esslöffel Butter zufügen, mindestens 15 Minuten quellen lassen.

In der Zwischenzeit Lauch und Karotten in der restlichen Butter bissfest dünsten, mit Salz, Pfeffer und Tamari abschmecken. Den Backofen auf 180 °C vorheizen.

Der ausgekühlte Hafer sollte ein dicker Brei sein. Wenn er noch zu flüssig ist: Haferflocken einrühren und kurz quellen lassen.

Die Auflaufform mit Butter bestreichen und mit Sesam ausstreuen. Das Gemüse einschichten.

Darüber den Hafer streichen. Eier, Käse und Rahm mischen und über den Hafer gießen. Mit Tomatenscheiben und Butterflöckchen belegen und bei 180 °C ca. 30 Minuten im Backofen überbacken.

Tipp: Dazu paßt: Südliche Tomatensauce.

Überbackene Gemüsehirse

Zutaten:

200 g Hirse
1 Zwiebel, fein gehackt
4 EL Butter
500 ml heiße Gemüsebrühe
1 Lorbeerblatt
½ TL Thymian (Quendel)
½ TL Rosmarin
500 g Gemüse, kleingeschnitten (Karotten, Lauch, Karfiol, Champignons, Erbsen)
2 Knoblauchzehen, gepresst
Butter für die Auflaufform
125 ml Sauerrahm
Schwarzer Pfeffer, frisch gemahlen
Salz
Tamari
50 g geriebener Käse (nach Belieben)
Butterflöckchen

Zubereitung: Die Hirse unter heißem Wasser waschen. Zwiebel in 2 Esslöffeln Butter andünsten, Hirse dazugeben und kurz mitdünsten.

Gemüsebrühe, Lorbeerblatt, Thymian und Rosmarin zufügen und die Hirse auf kleiner Flamme köcheln, bis die Flüssigkeit aufgesogen ist. Dabei immer wieder umrühren. Vom Herd nehmen und mindestens 15 Minuten quellen lassen.

In der Zwischenzeit das Gemüse in der restlichen Butter andünsten, den Knoblauch hinzufügen und mit wenig Gemüsebrühe bissfest garen. Das Backrohr auf 180 °C vorheizen. Eine Auflaufform fetten. Die abgekühlte Hirse mit Gemüse und Rahm mischen, würzen und in die Form streichen. Mit Käse bestreuen und mit Butterflöckchen belegen. Bei 180 °C ca. 20 Minuten im Backofen überbacken.

◂ **Tipp:** Dazu schmeckt Karottenschaum oder Gemüsepüree.

Hirse-Gemüsekroketten

Zutaten:

3 Tassen Gemüsebrühe
1TL Kräuter der Provence
½ TL Dill, getrocknet
3 zerriebene Curryblätter oder 1 Msp. Bockshornklee
1 Tasse Hirse
1 EL Butter
1 Tasse klein geschnittenes, bissfest gedünstetes Gemüse
1 Ei
1 El Petersilie, fein gehackt
1 Knoblauchzehe, gepresst
Schwarzer Pfeffer, frisch gemahlen
Tamari
Salz
Mehl zum Wälzen
Ghee zum Ausbacken

Zubereitung: Gemüsebrühe mit den getrockneten Kräutern aufkochen, die Hirse einrühren und weich garen. Vom Herd nehmen. Butter unterrühren und 15 Minuten ausquellen lassen. Die abgekühlte Hirse mit Gemüse, Ei, Petersilie und Knoblauch mischen, mit Salz, Pfeffer und Tamari würzen.
Mit nassen Händen Kroketten formen, in Mehl wälzen und in einer Pfanne in Ghee Ausbacken.

Tipp: Lauchcreme oder Joghurtsauce und gemischte Rohkostsalate eignen sich als Beilage.

Hirse-Spinatknödel

Zutaten:

3 Tassen Gemüsebrühe
1 Lorbeerblatt
1 TL Kräuter der Provence
1 Tasse Hirse
4 EL Butter
1 Zwiebel, fein gehackt
200 g Blattspinat, frisch oder tiefgekühlt
1 Prise Muskatnuss, gerieben
1 Knoblauchzehe, gepresst
Tamari
Salz
Schwarzer Pfeffer, frisch gemahlen
1 Ei
Butter für die Auflaufform
125 ml warmes Wasser
Etwas zerlassene Butter

Zubereitung: Gemüsebrühe mit Lorbeer und Kräutern der Provence aufkochen, Hirse einrühren und auf kleiner Flamme köcheln, bis die Flüssigkeit aufgesogen und die Hirse weich ist, dabei immer wieder umrühren. Vom Herd nehmen, 2 Esslöffel der Butter einrühren und mindestens 15 Minuten zugedeckt quellen lassen.

In der Zwischenzeit die Zwiebel in der restlichen Butter andünsten, Spinat dazugeben, mit Muskat, Knoblauch, Tamari und Pfeffer würzen. Weich garen (bei Bedarf etwas Flüssigkeit zugeben). Abkühlen lassen und klein hacken. Mit der ausgekühlten Hirse und dem Ei mischen.

Backofen auf 180 °C vorheizen.

Mit nassen Händen Knödel formen und in eine gebutterte Auflaufform setzen. Das warme Wasser mit Tamari und geschmolzener Butter verrühren und über die Knödel gießen.

Die Form mit einem Deckel oder mit Alu-Haushaltsfolie verschließen und bei 180 °C ca. 20 Minuten im Backofen garen.

Hirsotto mit Algen

Zutaten:

3 Tassen Gemüsebrühe
1 Lorbeerblatt
¼ bis ½ TL Gelbwurz
1 Tasse Hirse
4 EL Butter
3 El Hiziki Algen
1 Zwiebel, fein gehackt
½ TL Schabzigerklee
½ TL Kreuzkümmel, gemahlen
1 Prise Muskatnuss, gerieben
1 Knoblauchzehe, gepresst
1 Tasse ausgelöste oder TK-Erbsen
Shoyu
Langer oder schwarzer Pfeffer, frisch gemahlen
Salz
1 TL Zitronensaft
2 EL Petersilie, fein gehackt (oder andere frische Kräuter)
Karottenschaum (siehe Seite 88)

Zubereitung: Gemüsebrühe mit Lorbeer und Gelbwurz aufkochen, die Hirse einrühren und auf kleiner Flamme köcheln bis die Flüssigkeit aufgesogen und die Hirse weich ist, dabei immer wieder umrühren. Vom Herd nehmen, zwei Esslöffel Butter zugeben und mindestens 15 Minuten ausquellen lassen.
In der Zwischenzeit etwas Wasser aufkochen und die Algen darin 15 Minuten einweichen.

▶

◄

Zwiebel in der restlichen Butter andünsten, Schabzigerklee, Kreuzkümmel, Muskat, Knoblauch und Erbsen zufügen und kurz mitdünsten. Mit Shoyu, Salz und Pfeffer würzen. Die Algen in einem Sieb abtropfen lassen, mit Zitronensaft würzen und kleinschneiden. Mit der Hirse und den Erbsen mischen. Portionsweise in einen nassen Schöpflöffel oder in eine Tasse drücken. Diese auf jeweils eine Portion Karottenschaum setzen und mit gehackter Petersilie oder anderen Kräutern bestreuen.

Polenta (Grundrezept Maisgrieß)

Zutaten:

625 ml Gemüsebrühe
1 EL Butter
1 Lorbeerblatt
Je ½ TL Majoran, Basilikum, Thymian, Liebstöckel
Salz
250 g Polenta grob

Zubereitung: Gemüsebrühe mit der Butter und den Gewürzen aufkochen, Maisgrieß mit dem Schneebesen einrühren. Einige Minuten bei geringer Hitze unter Rühren köcheln (Vorsicht, kann spritzen!), dann die Hitze abstellen und den Maisgrieß 30 Minuten quellen lassen.

Hinweis: Da *Mais* nicht alle essentiellen Aminosäuren enthält, sollten Sie ihn immer mit etwas Eiweiß kombinieren, mit Käse, Eiern oder Hülsenfrüchten, um eine vollwertige Mahlzeit einzunehmen.

Maispizza mit Blattspinat & Schafkäse

Zutaten:

Polenta nach Grundrezept (siehe Seite 226)
500 g frischer oder TK-Blattspinat
1 Zwiebel, fein gehackt
3 EL Olivenöl
2 Knoblauchzehen, gepresst
1 Prise Muskatnuss, gerieben
Tamari
Salz
Schwarzer Pfeffer, frisch gemahlen
250 g Champignons, in Scheiben geschnitten
Butter für die Auflaufform
100 g Schafkäse
50 g geriebener Käse
3 EL Sonnenblumenkerne

Zubereitung: Frischen Blattspinat blanchieren (TK-Blattspinat auftauen), in einem Sieb gut abtropfen lassen und klein schneiden.

Zwiebel in 2 Esslöffel vom Öl andünsten, den Blattspinat dazugeben, kurz mitdünsten und mit Knoblauch, Muskat, Tamari, Salz und Pfeffer würzen. Abkühlen lassen und mit den Champignons vermischen.

Den Backofen auf 200 °C vorheizen.

Eine längliche Auflaufform (ca. 20 x 30 cm) einfetten. Den gekochten Maisgrieß mit nassen Händen hineindrücken. Die Spinat-Champignon-Mischung darauf streichen. Den Schafkäse darüber bröckeln, mit Käse und Sonnenblumenkernen bestreuen, mit dem restlichen Öl beträufeln und bei 200 °C 15 Minuten im Backofen überbacken.

Gebackene Maisschnitten

Zutaten: Polenta nach Grundrezept (siehe Seite 226)
Ghee zum Ausbacken
Etwas geriebener Käse

Zubereitung: Die fertig gekochte, noch heiße Polenta in eine mit Wasser ausgespülte Kastenform drücken, auskühlen lassen. Anschließend stürzen und mit einem Messer in Scheiben schneiden. In Ghee knusprig braten. Nach Wunsch mit Käse bestreuen.

Tipp: Die Maisschnitten schmecken gut zu Tomatensauce oder mit gedünstetem Gemüse.

Maisauflauf mit Karotten

Zutaten:

Polenta nach Grundrezept (siehe Seite 226)
250 g Karotten gerieben
2 EL Butter
1 Knoblauchzehe, gepresst
Tamari
Salz
Schwarzer Pfeffer, frisch gemahlen
Butter für die Auflaufform
50 g geriebener Käse (nach Belieben)
2 Tomaten, in Scheiben geschnitten
Butterflöckchen

Zubereitung: Karotten in Butter andünsten und mit Knoblauch, Tamari, Salz und Pfeffer würzen. Unter die Polenta mischen. Den Backofen auf 180 °C vorheizen. Die Karotten-Polenta-Masse in eine gebutterte Auflaufform streichen, mit Käse bestreuen, mit Tomatenscheiben und Butterflöckchen belegen. Bei 200 °C ca. 30 Minuten im Backofen überbacken.

Tipp: Joghurtsauce mit Kräutern, orientalische Joghurtsauce, Wurzelsauce oder Lauchcreme eignen sich als Beilage.

Mais-Gemüseauflauf

Zutaten:

300 g gemischtes Gemüse, klein geschnitten
2 EL Butter
150 g grober Maisgrieß (Polenta)
50 g Dinkelmehl
1 TL Weinstein-Backpulver
2 Eier
250 ml Milch
125 ml Schlagobers
Salz
Je ½ TL Thymian, Rosmarin, Oregano
Schwarzer Pfeffer, frisch gemahlen
50 g Parmesan, frisch gerieben
Tamari
Butter für die Auflaufform

Zubereitung: Das Gemüse in Butter bissfest dünsten. Mais, Dinkelmehl und Backpulver gut mischen.

Den Backofen auf 200 °C vorheizen.

Eier mit Milch, Obers und den Gewürzen verrühren und mit dem Getreide, dem Gemüse und dem Parmesankäse mischen.

Mit Salz, Tamari und Pfeffer abschmecken und in eine gebutterte Auflaufform gießen. Bei 200 °C ca. 30 Minuten im Backofen garen.

Weißer Basmatireis (Grundrezept)

Zutaten:

2 Tassen weißer Basmatireis
4 Tassen Wasser
2 EL Ghee
1 TL Schwarze Senfkörner
1 TL Kreuzkümmel, gemahlen oder ganz
Salz

Zubereitung: Den Reis gründlich mit kaltem Wasser waschen. Ghee erhitzen, Senfkörner und Kreuzkümmel darin anrösten, bis die Körner platzen. Reis, Wasser und etwas Salz zufügen. Einmal gut umrühren, dann nicht mehr. Zugedeckt bei niedriger Hitze köcheln lassen, bis das Wasser aufgesogen ist. Den Herd ausstellen und den Reis zugedeckt nachquellen lassen.

Hinweise: Geschmack und Aroma von *Basmatireis* sind unvergleichlich. In der Ernährung des Ayurveda gilt weißer Basmatireis als ausgleichend für alle drei Doshas und als «sattwisch». Er ist ausgezeichnet verdaulich. Ungewürzt hat er leicht kühlende Energien.
Echter Basamatireis wird im Himalaya angebaut. Dieselbe Sorte wird jedoch auch in anderen Ländern angebaut, beispielsweise in den USA. Dann nennt er sich «Reis nach Basmati-Art».

Basmati-Vollreis (Grundrezept)

Zutaten:

2 Tassen Basmati-Vollreis
5 Tassen Wasser
1 TL Schwarze Senfkörner
2 EL Ghee
½ TL Kreuzkümmel
½ TL Kurkuma (Gelbwurz)
Salz

Zubereitung: Den Reis kalt waschen, mindestens eine Stunde in 5 Tassen kaltem Wasser einweichen. Die Senfkörner in Ghee anrösten, bis sie platzen, dann Kreuzkümmel, Kurkuma, den Reis mit dem Einweichwasser und einer Prise Salz hinzufügen. Auf niedriger Hitze köcheln lassen, bis das Wasser aufgesogen ist. Ohne weitere Hitzezufuhr zugedeckt quellen lassen.

Tipps: Lassen Sie Ihrer Fantasie beim Würzen von Basmatireis freien Lauf und variieren Sie auch den Doshas gemäß in Auswahl und Dosierung.
Anregungen: Safran, Kardamom, Koriander (Vata-, Pitta-, Kapha-Konstitution),Gewürznelken(vorallembeiKapha-Konstitution), Fenchel, Anis (vor allem bei Vata-Konstitution).
Um einen Topf mit Basamtireis lassen sich alle Dhals, Chutneys, Saucen und viele der Gemüsegerichte gruppieren.

Hinweis: *Basmati-Vollreis* besitzt zwar aus unserer Sicht mehr wertvolle Inhalts- und Ballaststoffe als weißer Basmati, braucht aber ein kräftig loderndes Agni (Verdauungsfeuer), damit diese wirklich aufgenommen werden können.

Pikanter Mandelreis mit Rosinen

Zutaten:

1 Zwiebel, fein gehackt
4 El Butter
1 TL Zimt
Je 1 Prise Nelkenpulver, Koriander, Kardamom und schwarzer oder langer Pfeffer, gemahlen
Salz
1 Tasse Langkorn-Vollkornreis
3 Tassen heiße Gemüsebrühe
2 EL Rosinen
50 g Mandeln, gehackt
2 EL Zitronensaft
1 TL geriebene Zitronenschale (unbehandelt)

Zubereitung: Zwiebel in 2 Esslöffeln Butter andünsten, die Gewürze und den Reis dazugeben, mit Gemüsebrühe aufgießen und gar kochen. Die Rosinen einrühren und noch 10–20 Minuten quellen lassen. Die gehackten Mandeln in der restlichen Butter goldgelb rösten, mit der Zitronenschale und dem Zitronensaft unter den fertigen Reis mischen.

Überbackener Gemüsereis

Zutaten:

4 Tassen Gemüsebrühe
1 Lorbeerblatt
1 TL Kräuter der Provence
1 ½ Tassen Langkornreis
1 Zwiebel, fein gehackt
2 EL Butter
500 g klein geschnittenes Gemüse
1 TL Liebstöckel
1 Knoblauchzehe, gepresst
Tamari
Salz
Schwarzer Pfeffer, frisch gemahlen
Butter für die Auflaufform
50 g geriebener Käse
1 Zucchini, in Scheiben geschnitten
Butterflöckchen

Zubereitung: Gemüsebrühe mit Lorbeer und Kräutern der Provence aufkochen, den Reis einrühren und weich kochen. Etwa 10 Minuten quellen lassen, das Lorbeerblatt entfernen.

Zwiebel in Butter andünsten, die Gemüsemischung, Liebstöckel und Knoblauch dazugeben und mit wenig Wasser bissfest garen. Mit Tamari, Salz und Pfeffer abschmecken.

Den Backofen auf 180 °C vorheizen.

Reis und Gemüsemischung gut miteinander vermengen. In eine gebutterte Auflaufform streichen. Den Käse darüber streuen, mit Zucchinischeiben und Butterflöckchen belegen. Bei 180 °C C 20 Minuten im Backofen überbacken.

Indischer Reis mit Linsen

Zutaten:
Basmatireis nach Grundrezept (siehe Seite 231 oder Seite 232)
100 g braune Linsen
1 Zwiebel, fein gehackt
1 Prise Hing
1 TL frische Ingwerwurzel, gehackt
2 El Ghee
1 Lorbeerblatt
2 Gewürznelken
1 Tasse Gemüsebrühe
Salz
Langer Pfeffer oder Trikatu
1 TL Garam Masala
1 Prise Cayennepfeffer
80 g Cashewkerne, grob gehackt

Zubereitung: Die Linsen gründlich waschen und in einem Sieb abtropfen lassen. Zwiebel, Hing und Ingwer in Ghee anrösten, die Linsen mit dem Lorbeer und den Nelken dazugeben, mit Gemüsebrühe auffüllen und zum Kochen bringen. Linsen gar kochen. Anschließend Lorbeerblatt und Nelken entfernen, mit Salz, langem Pfeffer (oder Trikatu), Garam Masala und Cayennepfeffer abschmecken und mit dem gekochten Basmatireis mischen.
Die Cashewkerne ohne Fett goldbraun rösten. Den Reis portionieren und mit Cashewkernen bestreuen.

Tipp: Eine köstliche Kombination: Indischer Linsenreis mit Currysauce und Marillen-Chutney.

Gefüllte Paprika

Zutaten:

400 ml Gemüsebrühe
1 Lorbeerblatt
1 TL Kräuter der Provence
200 g Sechskorn
2 EL Butter
4–6 grüne, mittelgroße Paprikaschoten
2 Knoblauchzehen, gepresst
1 EL Sauerrahm
1 EL Petersilie, fein gehackt
Tamari
1 TL Senf
Salz
Butter für die Auflaufform
250 g passierte Tomaten
50 g geriebener Käse

Zubereitung: Gemüsebrühe mit Lorbeer und Kräutern der Provence aufkochen, den Sechskornschrot einrühren und kurz aufkochen lassen. Butter hinzufügen und ohne weitere Hitzezufuhr mindestens 30 Minuten ausquellen lassen. Lorbeerblatt entfernen.

In der Zwischenzeit die Paprikaschoten der Länge nach halbieren, Kerne, Stielansatz und weiße Scheidewände entfernen. Mit kochendem Wasser überbrühen und einige Minuten ziehen lassen. Aus dem Wasser nehmen, mit der Schnittfläche nach unten auf Küchenpapier legen und abtropfen lassen.

Den abgekühlten Sechskornschrot mit Knoblauch, Rahm und Petersilie mischen und mit Tamari, Salz und Senf kräftig abschmecken.

Den Backofen auf 180 °C vorheizen.

Aus der Schrotmasse mit nassen Händen eigroße Bällchen formen und in die Paprikaschoten drücken. Die gefüllten

Schoten in eine gebutterte Auflaufform setzen. Die passierten Tomaten mit Salz, Pfeffer und Kräutersalz würzen und über die Schoten gießen.
Mit Käse bestreuen. Bei 180 °C ca. 30 Minuten im Backofen backen.
Wenn nötig, zwischendurch mit etwas Wasser oder Gemüsebrühe aufgießen.

Spinatreis

Zutaten:

1 kg Spinat
2 Zwiebeln, fein gehackt
½ Tasse Olivenöl
3 Tassen Gemüsebrühe
1 EL Tomatenmark
1 Tasse Langkornreis
Schwarzer Pfeffer, frisch gemahlen
Salz
Tamari
Saft von ½ bis 1 Zitrone

Zubereitung: Spinat putzen, waschen und blanchieren. In einem Sieb abtropfen lassen. Die Zwiebeln in Öl andünsten, den Spinat dazugeben. Mit Gemüsebrühe auffüllen, das Tomatenmark und den Reis einrühren, salzen und pfeffern.
Auf kleiner Hitze köcheln lassen, bis der Reis weich ist, dabei öfter umrühren und, wenn nötig, noch heißes Wasser dazugießen. Zum Schluss mit Tamari und Zitronensaft abschmecken.

Sechskorn-Mangold-Auflauf

Zutaten:

500 ml heiße Gemüsebrühe
1 Lorbeerblatt
1 TL Kräuter der Provence
250 g Sechskorn, grob geschrotet
4 EL Butter
500 g Mangold
Tamari
Kräutersalz
Schwarzer Pfeffer, frisch gemahlen
2 EL Petersilie, fein gehackt
1 TL Paprika edelsüß
2 TL Senf
Butter für die Auflaufform
50 g Käse, gerieben
Butterflöckchen

Zubereitung: Sechkornschrot ohne Fett anrösten, bis er zu duften beginnt. Heiße Gemüsebrühe mit Lorbeer und Kräutern der Provence zugießen, kurz aufkochen, 2 Esslöffel Butter unterrühren und ohne weitere Hitzezufuhr mindestens 30 Minuten zugedeckt quellen lassen. Lorbeerblatt entfernen. Den Mangold gründlich waschen, anschließend in Streifen schneiden und mit der restlichen Butter bissfest dünsten, eventuell etwas Wasser zugießen. Mit Tamari, Salz und Pfeffer würzen. Den Backofen auf 180 °C vorheizen. Sechskorn, Mangold, Petersilie, Paprika und Senf gut vermischen, eventuell noch einmal würzen. Die Masse in eine gebutterte Auflaufform streichen, mit Käse bestreuen und mit Butterflöckchen belegen. Bei 180 °C ca. 30 Minuten im Backofen backen.

Hinweis: Die großen grünen Blätter des *Mangold* und ihre fleischigen Stängel werden wie Spinat zubereitet, sind aber aufgrund ihres geringeren Oxalsäuregehaltes milder und besser verträglich (vor allem für Pitta-Konstitution).

Lauchreis

Zutaten:

3 große Stangen Lauch (Porree)
50 ml Olivenöl
1 Tasse Basmatireis
½ TL Koriander, gemahlen
1 Prise Cayennepfeffer
2 Tassen heiße Gemüsebrühe
Salz
1–2 TL Zitronensaft
Schwarzer Pfeffer, frisch gemahlen

Zubereitung: Lauch waschen und in Ringe schneiden. In Olivenöl kräftig anbraten. Reis, Koriander und Cayennepfeffer zufügen und mit der Gemüsebrühe auffüllen. Umrühren und den Reis zugedeckt bei kleiner Hitze ca. 20 Minuten gar dünsten. Mit Salz und Zitronensaft abschmecken, mit schwarzem Pfeffer bestreut servieren.

Tipp: Zu diesem leichten Abendessen schmeckt einfaches Joghurt.

Kohlrouladen

Zutaten:

500 ml Gemüsebrühe
1 Lorbeerblatt
½ TL Kreuzkümmel, gemahlen
½ TL Koriander
1 Prise Muskatnuss, gerieben
250 g Sechskorn, geschrotet
8 große Kohlblätter
2 Knoblauchzehen, gepresst
3 EL Sauerrahm
50 g geriebener Käse (nach Belieben)
Schwarzer Pfeffer, frisch gemahlen
Salz
Tamari
500 g passierte Tomaten
3 EL Olivenöl
Butter für die Auflaufform
Butterflöckchen

Zubereitung: Gemüsebrühe mit Lorbeer, Kreuzkümmel, Koriander und Muskat aufkochen, den Sechskornschrot einrühren und kurz aufkochen lassen. Ohne weitere Hitzezufuhr mindestens 30 Minuten zugedeckt quellen, danach abkühlen lassen.

Die Kohlblätter in wenig Salzwasser einige Minuten kochen (sie müssen eine mittelfeste Konsistenz haben, damit sie sich füllen lassen). Abtropfen lassen, mit Küchenpapier das restliche Wasser abtupfen und den groben Strunk herausschneiden.

Den abgekühlten Sechskornschrot mit Knoblauch, Rahm und Käse vermischen und kräftig mit Pfeffer, Salz und Tamari würzen.

Den Backofen auf 180 °C vorheizen.

Mit nassen Händen aus der Schrotmasse längliche Kroketten

formen und diese in die vorbereiteten Kohlblätter wickeln.
Die passierten Tomaten mit Olivenöl, Tamari, Salz und Pfeffer würzen.
Die Rouladen in eine gebutterte Auflaufform legen und mit der Tomatensauce übergießen. Bei 180 °C ca. 30 Minuten im Backofen backen.

Orientalische Sechskornlaibchen

Zutaten:

500 ml Gemüsebrühe
1 Lorbeerblatt
½ TL Kreuzkümmel, gemahlen
½ TL Koriander, gemahlen
250 g Sechskorn, geschrotet
2 Zwiebeln, fein gehackt
2 EL Butter
1 Ei oder 3 EL geriebener Käse
1 Prise Cayennepfeffer
Kräutersalz
Schwarzer Pfeffer, frisch gemahlen
Tamari
Sonnenblumenkerne zum Wälzen
Ghee zum Ausbacken

Zubereitung: Gemüsebrühe mit Lorbeer, Kreuzkümmel und Koriander aufkochen, Sechskorn einrühren, einmal aufkochen und ohne weitere Hitzezufuhr mindestens 30 Minuten quellen lassen. Lorbeerblatt entfernen.
Die Zwiebeln in Butter andünsten. Abkühlen lassen und dann mit Getreide, Ei oder Käse und den restlichen Gewürzen mischen und nach Geschmack scharf abschmecken. ▶

◄

Mit nassen Händen kleine Laibchen formen, in Sonnenblumenkernen wenden und in Ghee knusprig braten.

Tipp: Getreidelaibchen eignen sich, besonders in Miniaturgröße, gut für ein kaltes Büffet.

Zucchinischiffchen

Zutaten:

500 ml Gemüsebrühe
1 Lorbeerblatt
½ TL Majoran
1 Prise Muskatnuss, gerieben
250 g Grünkern, geschrotet
4 mittelgroße Zucchini
2 EL Butter
2 Knoblauchzehen, gepresst
Salz
Shoyu
Schwarzer Pfeffer, frisch gemahlen
1 TL Senf
1 TL Paprika edelsüß
500 g passierte Tomaten
3 EL Olivenöl
50 g geriebener Käse

Zubereitung: Gemüsebrühe mit Lorbeer, Majoran und Muskat aufkochen, den Grünkern unterrühren, kurz aufkochen lassen und ohne weitere Hitzezufuhr mindestens 30 Minuten zugedeckt quellen lassen. Lorbeerblatt entfernen.

Die Zucchini waschen, trockentupfen und der Länge nach halbieren. Das Fruchtfleisch mit einem Teelöffel herauskratzen – das «Schiffchen» soll ca. ½ cm stark sein. Das Fruchtfleisch fein hacken, in der Butter andünsten und mit Knoblauch, Shoyu und Pfeffer würzen.
Den Backofen auf 180 °C vorheizen. Wenn alles abgekühlt ist, den Grünkern, die gedünstete Zucchini, Senf und Paprika vermischen, bei Bedarf nachwürzen. Mit nassen Händen acht längliche Würste formen und in die Zucchinischiffchen drücken. Die Schiffchen in eine gefettete Auflaufform setzen. Die passierten Tomaten mit dem Olivenöl mischen, pfeffern und salzen. Über die Zucchinischiffchen gießen, Käse darüber streuen. Bei 180 °C ca. 30 Minuten im Backofen backen.

Weizen-Zucchini-Auflauf

Zutaten:

500 ml Gemüsebrühe
1 Lorbeerblatt
½ TL Koriander, gemahlen
½ TL Basilikum
½ TL Liebstöckel
250 g Weizen, grob geschrotet
4 EL Butter
500 g Zucchini, gewürfelt
2 Knoblauchzehen, gepresst
Schwarzer Pfeffer, frisch gemahlen
Tamari
2 EL Petersilie, fein gehackt
Butter für die Auflaufform
50 g geriebener Käse (nach Belieben)
2 EL Sonnenblumenkerne
Butterflöckchen

Zubereitung: Gemüsebrühe mit den Kräutern aufkochen, den Weizen einrühren, kurz aufkochen, dann 2 Esslöffel Butter unterrühren und ohne weitere Hitzezufuhr mindestens 30 Minuten quellen lassen. Das Lorbeerblatt entfernen.

In der Zwischenzeit die Zucchiniwürfel in der restlichen Butter kurz anbraten, mit Knoblauch, Pfeffer und Tamari würzen und mit ganz wenig Wasser bissfest dünsten.

Den Backofen auf 180 °C vorheizen.

Wenn alle Zutaten abgekühlt sind, Weizen, Zucchini und Petersilie mischen, abschmecken und in eine gebutterte Auflaufform streichen. Mit Käse, Sonnenblumenkernen und Butterflöckchen bestreuen. Bei 180 °C ca. 30 Minuten im Backofen backen.

Palatschinken mit Gemüsefüllung

Für den Teig:
150 g Dinkelmehl
2 Eier
250 ml Milch
125 ml Wasser
Kräutersalz

Für die Füllung:
500 g Gemüse, fein geschnitten (Zucchini, Karotten, Lauch, Spinat)
2 EL Butter
Etwas Wasser oder Gemüsebrühe
2 EL frische Kräuter, fein gehackt (Petersilie, Kerbel, Dille, Estragon)
2–3 EL Creme fraiche
1 Knoblauchzehe, gepresst
Kräutersalz
Langer oder weißer Pfeffer, frisch gemahlen

Zum Bestreuen:
2 EL Sesam, kurz angeröstet
50 g Parmesan, fein gerieben

Außerdem:
Ghee zum Ausbacken

Zubereitung: Alle Zutaten für den Teig miteinander verühren und mindestens 30 Minuten ruhen lassen.

In der Zwischenzeit das Gemüse in Butter anrösten und mit ganz wenig Wasser oder Gemüsebrühe bissfest dünsten. Mit den frischen Kräutern und Creme fraiche mischen und mit Knoblauch, Salz und Pfeffer würzen.

Aus dem Teig in Ghee 12 kleine Palatschinken backen. Mit dem gedünsteten Gemüse füllen, mit Sesam oder Parmesan bestreut servieren.

Tipp: Die gefüllten Palatschinken schmecken auch überbacken. Dafür die gefüllten Palatschinken nebeneinander in eine gebutterte Auflaufform schichten, mit 125 ml Obers übergießen, mit Parmesan bestreuen und bei 180 °C im Backofen kurz überbacken.

SÜSSE SCHLEMMEREIEN AUS GETREIDE

Im Ayurveda wird bei warmen Süßspeisen Rohrohrzucker bevorzugt, da erhitzter Honig Ama (Giftstoffe) erzeugt.

Süßer Buchweizenauflauf

Zutaten:

250 ml Milch
250 ml Wasser
½ Vanilleschote
200 g Buchweizen
50 g Rosinen
100 g Butter
2 Eigelb
50 g Rohrohrzucker (ev. als Staubzucker)
1 TL Zimt
1 Prise Kardamom
1 TL geriebene Zitronenschale
100 g Hasel- oder Walnüsse, gerieben
2 Eiweiß
1 Prise Salz
Butter für die Auflaufform
Butterflöckchen

Zubereitung: Milch und Wasser zusammen erhitzen. Die ½ Vanilleschote der Länge nach aufschlitzen, das Mark ausschaben und dazugeben. 15 Minuten auf kleiner Hitze ziehen lassen. Den Buchweizen in einem Topf ohne Fett anrösten, bis er duftet, mit der heißen Wasser-Milchmischung aufgießen. Kurz aufkochen lassen, dann die Hitze abstellen, die Rosinen unterrühren und mindestens 30 Minuten quellen und abkühlen lassen. Den Backofen auf 180 °C vorheizen.

Butter, Eigelb und Zucker mit Zimt, Kardamom und Zitronenschale schaumig rühren. Mit dem abgekühlten Buchweizen und der Hälfte der Nüsse vermischen.

Eiweiß mit einer Prise Salz zu festem Schnee schlagen und vorsichtig unter die Masse heben.

In eine gebutterte Auflaufform streichen, mit den restlichen Nüssen und Butterflöckchen bestreuen. Bei 180 °C ca. 30 Minuten im Backofen backen.

Tipps: Mit süßer Sauce oder mit Kompott servieren.

Die ausgeschabte Vanillehülle, die übrig bleibt, können Sie in ein kleines Glas mit Rohrohrzucker stecken – und so eigenen Vanillezucker herstellen.

Hinweis: *Vanilleschoten* sind die Früchte einer Orchidee. Die ursprünglich grünen Schoten sind etwa zehn bis 15 cm lang und erhalten ihre dunkelbraune Farbe durch einen Fermentationsprozess. Ihr Mark besteht aus winzigen Samen, die von dunklem, aromatischem Öl umgeben sind. Ein Produkt, das echte Vanille in ihrer ursprünglichen Form beinhaltet, hat immer kleine schwarze Pünktchen.

Praktisch in der Anwendung ist das getrocknete Mark, das als Pulver im Handel erhältlich ist.

Süßer Maisauflauf mit Äpfeln

Zutaten:

250 ml Milch
250 ml Wasser
1 Prise Kardamom, gemahlen
200 g Maisgrieß grob (Polenta)
50 g Rosinen
100 g Butter
2 Eigelb
1 Prise Vanillepulver
50 g Rohrohrzucker (ev. als Staubzucker)
1 TL geriebene Zitronenschale (unbehandelt)
2 Eiweiß
Butter für die Auflaufform
3–4 Äpfel
2 EL Rohrohrzucker
1 TL Zimt
2 TL Zitronensaft
2 EL zerlassene Butter

Zubereitung: Milch und Wasser mit Kardamom aufkochen, den Maisgrieß langsam unterrühren, kurz kochen lassen. Die Rosinen dazugeben und quellen lassen.

Butter mit Eigelb, Zucker, Vanille und Zitronenschale schaumig rühren und mit dem ausgekühlten Grieß vermischen.

Eiweiß zu steifem Schnee schlagen und diesen vorsichtig unter die Masse heben. Den Backofen auf 180 °C vorheizen.

Die Grießmasse in eine gebutterte Auflaufform streichen. Äpfel schälen und blättrig schneiden. Mit Zucker, Zimt und Zitronensaft mischen und auf den Grieß schichten. Mit zerlassener Butter beträufeln. Bei 180 °C ca. 30 Minuten im Backofen backen.

Süßer Grießauflauf

Zutaten:

250 ml Milch
250 ml Wasser
½ Vanilleschote (oder 1 Pck. Vanillezucker)
1 TL Zimt
200 g Dinkel- oder Weizengrieß, grob
50 g Rosinen
100 g Butter
2 Eigelb
50 g Rohrohrzucker (ev. als Staubzucker)
1 TL geriebene Zitronenschale
2 Eiweiß
Butter für die Auflaufform
4 EL Haselnüsse, gehackt

Zubereitung: Milch mit Wasser, Vanilleschote und Zimt aufkochen, den Grieß langsam einrühren, kurz aufkochen lassen. Hitze abschalten, Rosinen unterrühren und ausquellen lassen.

Den Backofen auf 180 °C vorheizen.

Butter mit Eigelb und Zucker schaumig rühren und mit dem ausgekühlten Grieß und der Zitronenschale vermischen.

Eiweiß zu festem Schnee schlagen und vorsichtig unter die Masse heben.

In eine gebutterte Auflaufform streichen, mit Haselnüssen bestreuen. Bei 180 °C ca. 30 Minuten im Backofen backen.

Tipp: Dazu passt Apfel-Ingwer-Sauce oder Kompott.

Süßer Hirseauflauf mit Marillen

Zutaten:

250 ml Wasser
250 ml Milch
1 Stück Zimtrinde
1 Prise Nelkenpulver
200 g Hirse
100 g Butter
3 Eigelb
50 g Rohrohrzucker (ev. als Staubzucker)
1 Pck. Vanillezucker
50 g Mandeln, gerieben
3 Eiweiß
Butter für die Auflaufform
300 g frische, reife Marillen
2 EL zerlassene Butter
2 EL Agavensirup oder Reismalz

Zubereitung: Wasser und Milch mit Zimtrinde und Nelkenpulver aufkochen, die Hirse einrühren, kurz kochen und mindestens 30 Minuten ausquellen lassen.

Butter mit Eigelb, Zucker und Vanillezucker schaumig rühren. Mit der abgekühlten Hirse und den geriebenen Mandeln vermischen.

Den Backofen auf 180 °C vorheizen. Eiweiß zu steifem Schnee schlagen und vorsichtig unter die Masse heben. Diese in eine gebutterte Auflaufform streichen.

Die Marillen halbieren, entsteinen und mit der Schnittfläche nach oben auf die Hirse legen. Die zerlassene Butter mit Agavensirup oder Reismalz vermischen und über die Marillen träufeln. Bei 180 °C ca. 30 Minuten im Backofen backen.

Süßer Reisauflauf

Zutaten:

½ Vanilleschote
500 ml Wasser
500 ml Milch
1 Stück Zimtstange
1 Prise Kardamom, frisch gemahlen
2 Stück Gewürznelke
250 g Rundkorn- oder Süßreis
50 g Rosinen
100 g Butter
2 Eigelb
1 TL geriebene Zitronenschale
50 g Rohrohrzucker (ev. als Staubzucker)
100 g Topfen
2 Eiweiß
Butter für die Auflaufform
50 g Mandeln, gehackt

Zubereitung: Die Vanilleschote der Länge nach aufschneiden, das Mark auskratzen. Wasser und Milch mit Vanillemark und -schote, Zimtstange, Kardamom und Gewürznelken aufkochen. Den Reis unterrühren und weich kochen. Die Rosinen einstreuen und quellen lassen. Zimtstange, Vanilleschote und Gewürznelken entfernen, sobald der Reis ausgekühlt ist. Butter mit Eigelb, Zitronenschale und Zucker schaumig rühren, zuletzt den Topfen unterrühren. Masse mit dem Reis verrühren. Den Backofen auf 180 °C vorheizen.
Eiklar zu steifem Schnee schlagen und vorsichtig unter die Masse heben. In eine gebutterte Auflaufform streichen. Mandeln darüber streuen. Bei 180 °C ca. 40 Minuten im Backofen backen.

Tipp: Dazu schmeckt frische oder gekochte Fruchtsauce.

Süßer Weizen- oder Dinkelauflauf

Zutaten:
250 ml Wasser
250 ml Milch
1 Zimtstange
1 Prise Kardamom, gemahlen
200 g Weizen oder Dinkel, geschrotet
50 g Rosinen
2 Eigelb
100 g Butter
50 g Rohrohrzucker (ev. als Staubzucker)
1 TL geriebene Zitronenschale
1 Pck. Vanillezucker
100 g Mandeln, gehackt
2 Eiweiß
Butter für die Auflaufform
2 EL zerlassene Butter

Zubereitung: Wasser mit Milch, Kardamom und Zimt aufkochen. Getreideschrot unterrühren. Kurz kochen lassen, Rosinen einstreuen und mindestens 30 Minuten quellen lassen.
Eigelb mit Butter, Zucker, Zitronenschale und Vanillezucker schaumig rühren. Mit dem ausgekühlten Getreide und der Hälfte der Mandeln mischen.
Den Backofen auf 180 °C vorheizen.
Eiweiß zu steifem Schnee schlagen und vorsichtig unter die Masse heben. In eine gebutterte Auflaufform streichen, Mandeln darüber streuen und mit zerlassener Butter beträufeln.
Bei 180 °C ca. 30 Minuten im Backofen backen.

GERICHTE MIT TOFU UND WEIZENGLUTEN

Tofu und Weizengluten sind wichtige Eiweißquellen für Vegetarier und praktischer Bestandteil einer schnellen Küche.

Tofu wird aus Sojabohnen hergestellt, enthält im Verhältnis jedoch mehr Fett als diese. Im Ayurveda gilt Tofu als kalt und schwer – übrigens auch Milchprodukte. Seine Verdaulichkeit verbessern wir durch Würzen (marinieren) und Erwärmen. Tofu wird mittlerweile auch in etlichen schmackhaften Varianten angeboten: natur, mariniert (meist in Sojasauce), geräuchert, mit Pfeffer, mit Gemüse. Tofu ist sehr vielseitig einzusetzen. Sie können ihn braten, Suppen und Eintöpfen zufügen, passieren und Aufstriche zubereiten. Tofu natur lässt sich pikant und süß würzen.

Weizengluten ist das Eiweiß des Weizens, von relativ fester Konsistenz, wird gebraten, paniert und als Zutat für Eintöpfe verwendet. Man kann es durch den Fleischwolf drehen und für Laibchen verwenden.

Tofu-Gemüselaibchen

Zutaten:

500 g Gemüse (Karfiol, roter Paprika, Sellerie, Karotten)
125 ml Gemüsebrühe
300 g Tofu natur, grob gewürfelt
2 Knoblauchzehen, gepresst
Salz
Tamari
Schwarzer Pfeffer, frisch gemahlen
2 EL frische Kräuter, gehackt (Petersilie, Schnittlauch, Majoran, Basilikum etc.)
Semmelbrösel nach Bedarf
Mehl zum Wälzen
Ghee zum Ausbacken

Zubereitung: Das Gemüse waschen und in große Stücke schneiden. In wenig Gemüsebrühe weich dämpfen. Die Flüssigkeit abgießen (für Suppen oder Saucen verwenden). Abkühlen lassen.
Gemüse mit dem Tofu cremig pürieren. Mit Knoblauch, Salz, Tamari und Pfeffer würzen und die Kräuter dazumischen. Sollte die Masse zu weich sein, nach Bedarf Semmelbrösel unterrühren. Mit nassen Händen kleine Laibchen formen, in Mehl wälzen und in Ghee herausbraten. Für eine schonende Zubereitung legen Sie die Laibchen (ohne sie in Mehl zu wälzen) auf ein befettetes Backblech, beträufeln sie mit etwas geschmolzenem Ghee und backen sie bei 250 °C circa 10 Minuten.

Tipp: Püree aus gelben Rüben oder eine der Joghurt-Sauce-Variationen als Beilage reichen.

▶

◂

Hinweis: Wenn Sie gerne pikant essen, verwenden Sie *geräucherten Tofu*. Er hat einen sehr würzigen Geschmack, der an Speck erinnert. Sie können gebratene Tofuwürfel etwa in deftige Salate mischen. Tofu-Gemüselaibchen schmecken besonders gut, wenn man geräucherten mit Natur-Tofu mischt.

Tofuschnitzel

Zutaten:

4 EL Tamari
1 EL Olivenöl
1 EL Zitronensaft
1–2 EL Tomatenketchup
Kräutersalz
Weißer Pfeffer, frisch gemahlen
400 g Tofu natur, in Scheiben geschnitten
1–2 Eier, verquirlt
Mehl und Semmelbrösel zum Wenden
Ghee zum Ausbacken
1 Zitrone, geviertelt

Zubereitung: Aus Tamari, Öl, Zitronensaft, Ketchup und Pfeffer eine Marinade rühren. Die Tofuscheiben darin 30 Minuten marinieren, dabei öfter wenden.

Die Scheiben aus der Marinade nehmen, abtropfen lassen. Anschließend in Mehl, dann in den Eiern und zuletzt in den Semmelbröseln wenden. In Ghee goldbraun backen. Mit Zitronenvierteln servieren.

Tofuknöderl

Zutaten:
250 g Tofu natur
1 Ei
2 EL Sonnenblumenkerne
1 Zwiebel, fein gehackt
½ TL Kreuzkümmel, gemahlen
½ TL Kurkuma
1 Prise Ingwer, gemahlen
1 Prise Cayennepfeffer
Kräutersalz
Schwarzer Pfeffer, frisch gemahlen
2 EL Tamari
1 Knoblauchzehe, gepresst
20 g Mehl
250 ml Gemüsebrühe oder Sojadrink
1 EL Zitronensaft
1 EL Petersilie, fein gehackt

Zubereitung: Den Tofu mit einer Gabel fein zerdrücken, Ei, Sonnenblumenkerne, Zwiebel, Gewürze und soviel Mehl untermischen, dass die Masse gut formbar wird.
Mit nassen Händen kleine Knöderl formen. Gemüsebrühe oder Sojadrink aufkochen, die Knöderl hineinlegen und zugedeckt 10 Minuten sanft köcheln, dabei einmal wenden. Mit einem Schöpflöffel herausnehmen, auf Tellern anrichten, mit Zitronensaft beträufeln und mit Petersilie bestreuen.

Tipp: Die Knöderl schmecken wunderbar zu Kürbis mit Ingwer und Safran, Champignonsauce und zu Spinat.

Gebratener Curry-Tofu

Zutaten:

400 g Tofu, in Scheiben geschnitten
4 EL Tamari
4 EL Olivenöl
1 Zwiebel, fein gehackt
2 Knoblauchzehen, gepresst
1 TL frische Ingwerwurzel, fein gehackt
2 TL Curry-Mischung
250 ml Gemüsebrühe
2 TL Zitronensaft
½ TL geriebene Zitronenschale
Schwarzer Pfeffer, frisch gemahlen
Salz

Zubereitung: Die Tofu-Scheiben in Tamari 30 Minuten marinieren. Dabei mehrmals wenden. In 2 Esslöffel Öl beidseitig anbraten, beiseite stellen. Die Zwiebel im restlichen Öl andünsten, Knoblauch, Ingwer und Curry beifügen, umrühren und mit Gemüsebrühe aufgießen. Zitronenschale und -saft unterrühren und die Tofuscheiben hinzufügen. Kurz aufkochen lassen und mit Salz und Pfeffer abschmecken.

Tipp: Servieren Sie dazu Reis oder Kartoffelpüree.

Weizengluten-Gulasch

Zutaten:
2 große Zwiebeln, fein gehackt
2 EL Olivenöl oder Ghee
½ TL Kümmel, gemahlen
250 ml Tomatenpüree («Polpa»)
2 Knoblauchzehen, gehackt
1 Lorbeerblatt
2 Gewürznelken
1 TL Paprikapulver
¼ TL Thymian
Schwarzer Pfeffer, frisch gemahlen
Salz
250 g Weizengluten, in Würfel geschnitten
Gemüsebrühe nach Bedarf
4 TL Sauerrahm

Zubereitung: Zwiebeln in Öl oder Ghee mit dem Kümmel anbraten, bis sie zu bräunen beginnen. Dann das Tomatenpüree, den Knoblauch und die Gewürze dazugeben. Fünfzehn Minuten köcheln lassen. Lorbeerblatt entfernen.
Weizenglutenwürfel dazugeben, nochmals 10 Minuten weiterköcheln. Die Sauce soll sämig werden. Wenn sie allerdings zu sehr eindickt, mit etwas Gemüsebrühe aufgießen.
Mit Sauerrahm garniert servieren.

Tipp: Reis und Nudeln als Beilage.

SÜSS-SPEISEN UND DESSERTS

Sich vollwertig im Sinn des Ayurveda zu ernähren, bedeutet nicht, dass auf Süßes verzichtet werden muss. Zum Süßen Ihrer Desserts sollten Sie allerdings auf weißen Haushaltszucker völlig verzichten. Aber kein Problem – es gibt zahlreiche gesunde Alternativen.

Schoko-Mintcreme

Zutaten:

125 ml Schlagobers
1 Tropfen reines ätherisches Minzöl
1 Schoko-Sojadessert (500 g)
Etwas Honig
Minzblättchen oder geraspelte Bitterschokolade zum Verzieren

Zubereitung: Das Obers mit dem Minztropfen steif schlagen, das Sojadessert unterheben und eventuell mit Honig nachsüßen. In Gläser verteilen und noch eine Stunde kühl stellen. Mit Minzblättchen oder geraspelter Bitterschokolade garnieren.

Tipp: Statt des Minzöls können Sie auch Orangenöl und Gewürze wie Kardamom, Zimt oder geriebene Tonkabohne verwenden. Dadurch wird für Menschen mit Vata- und Kapha-Konstitution die Kühle in aromatische Wärme verwandelt.

Mascarponecreme mit Beeren

Zutaten:

2 Dotter
2 EL Honig
1 Prise Vanillepulver
1 EL Cointreau (Orangenlikör) oder zwei Tropfen ätherisches Orangenöl (biologisch)
125 g Mascarpone
2 Eiweiß
300 g gemischte Beeren

Da die Eier roh verwendet werden, müssen sie von besonders guter Qualität sein.

Zubereitung: Die Dotter mit dem Honig und der Vanille sehr schaumig schlagen, mit Likör und Mascarpone verrühren.
Eiweiß zu steifem Schnee schlagen und vorsichtig unter die Creme heben.
Die Beeren in Schalen anrichten (4 TL davon zum Garnieren zurückbehalten) und die Creme darüber verteilen. Mit den übrigen Beeren garnieren.

Tipp: Falls die Creme nicht sofort gegessen wird, ein Blatt Gelatine nach Packungsanleitung auflösen und unter die Creme mischen.

Topfen-Vanillecreme

Zutaten:

125 ml Schlagobers
1 Prise Vanillepulver
2–3 Tropfen reines ätherisches Zitronenöl
250 g Topfen (20%)
1–2 EL Honig
½ Vanille-Sojadessert (250 g)
Gehackte Aranzini zum Verzieren

Zubereitung: Das Obers mit Vanillepulver und Zitronenöl steif schlagen. Topfen, Honig und Vanilledessert miteinander cremig rühren. Das Obers unterheben. Mit Aranzini garnieren.

Tipp: Sie können diese Creme vielfältig variieren, indem Sie Fruchtmus oder in Stücke geschnittene Früchte unterrühren.

Marillencreme

Zutaten:

250 g Marillen
3 EL Honig
1 Prise Vanille
1 Prise Ingwerpulver
250 g Topfen (20%)
125 ml Schlagobers
Melissen- oder Mandelblättchen zum Verzieren

Zubereitung: Marillen entsteinen und in etwas Wasser weich dünsten. Abkühlen lassen. Zusammen mit Honig, Vanille und

Ingwer pürieren. Den Topfen und das Marillenmus verrühren. Das Obers schlagen und unterheben. Mit Melissenblättchen oder Mandelblättchen verziert servieren.

Tipp: Statt Marillen können Sie als Variation gemuste Bananen oder fein gewürfelte frische, reife Ananas verwenden.

Erdbeermousse

Zutaten:

250 g Erdbeeren
1 Banane
250 g Topfen
2 EL Honig
1 Prise Vanille
1 EL Zitronensaft
125 ml Schlagobers
Erdbeeren zum Verzieren

Zubereitung: Erdbeeren, Banane und Topfen mit Honig, Vanille und Zitronensaft im Mixer pürieren. Obers steif schlagen und unter das Püree heben. 30–60 Minuten ins Gefrierfach stellen, öfter umrühren. Mit einem Esslöffel portionieren und mit Erdbeeren verziert servieren.

Tipp: Für dieses Mousse können Sie auch viele andere Sorten Beeren verwenden. Wenn Ihnen die geeiste Version zu kühl ist, servieren Sie dieses Rezept als Creme.

Apfel-Joghurtcreme

Zutaten:

2–3 süße Äpfel
1 EL Zitronensaft
125 ml Schlagobers
250 ml Joghurt
2 EL Honig
1 Prise Vanillepulver
1 Prise Zimtpulver
1 Prise Ingwer, gerieben
Gehackte Nüsse zum Verzieren

Zubereitung: Äpfel schälen, entkernen und fein reiben. Sofort mit dem Zitronensaft mischen.

Das Obers steif schlagen. Joghurt und Äpfel vermischen, unter die Sahne heben und mit Honig und Gewürzen abschmecken. Mit gehackten Nüssen bestreut servieren.

Himbeersülzchen

Zutaten:

300 g frische oder TK-Himbeeren
30 ml Birnendicksaft (oder 30g Zuckerrohrgranulat)
500 ml Wasser oder Fruchtsaft
1 TL geriebene Zitronenschale
1 EL Agar-Agar, mit 3 EL Wasser glatt gerührt

Zubereitung: Himbeeren mit Birnendicksaft und Zitronenschale in ca. 125 g Wasser aufkochen, durch ein Sieb streichen und mit Wasser oder Fruchtsaft auf 500 ml ergänzen. Agar-Agar mit dem Schneebesen einrühren, 2 Minuten köcheln. Portionsförmchen mit kaltem Wasser ausspülen und die Masse eingießen. 2–3 Stunden kühl stellen und erstarren lassen. Vor dem Servieren stürzen.

Tipp: Dazu schmeckt Vanillecreme oder leicht gesüßte Schlagsahne.

Creme Catalan

Zutaten:

250 ml Milch
250 ml Sahne
3 Eigelb
50 g Zuckerrohrgranulat
geriebene Schale einer Orange
Einige frische Orangenfilets zum Garnieren

Zubereitung: Alle Zutaten mit einem Schneebesen gut verrühren, aber nicht schaumig schlagen. In Portionsförmchen füllen. In eine Auflaufform stellen und heißes Wasser bis 1/3 unter den Rand der Förmchen gießen. In diesem Wasserbad bleibt die Creme bei 150 °C eine Stunde im Backofen. Im abgeschalteten Ofen abkühlen lassen. Aus dem Wasserbad nehmen und einige Stunden kalt stellen.
Mit einem Messer vom Rand lösen und auf einen Teller stürzen. Mit Orangenfilets garniert servieren.

Beeren-Kaltschale («Rote Grütze»)

Zutaten:

½ Pck. Vanille-Puddingpulver
500 ml roter Fruchtsaft (z.B. Johannisbeere) oder Orangensaft
1 Pck. tiefgekühlte Beeren (gemischt)
Honig nach Geschmack
125 ml Obers

Zubereitung: Das Puddingpulver mit einigen Löffeln Fruchtsaft vermischen. Den restlichen Saft aufkochen, das angerührte Puddingpulver einrühren und kurz aufkochen lassen.
Die Beeren hinzufügen, mit Honig süßen. Abkühlen lassen.
Einige Stunden kaltstellen.
Mit ungeschlagenem Obers servieren.

Feigen in Rotwein

Zutaten:

12 getrocknete Feigen
1 Stück Zitronenschale
1 Stück Zimtrinde
250 ml Rotwein
125 g Schlagobers
1 Pck. Vanillezucker

Zubereitung: Die Feigen mit Zitronenschale und Zimtrinde ca. 15 Minuten in Rotwein köcheln. Abkühlen lassen.
Anschließend die Feigen in Stücke schneiden und in Portionsschälchen legen, mit ein paar Esslöffeln Rotweinsud begießen. Das Obers mit dem Vanillezucker halb steif schlagen und über die Feigen geben.

Karamelisierte Gewürzäpfel

Zutaten:

4 aromatische, mürbe Äpfel
1 EL Ghee
2 EL Zuckerrohrgranulat
Je eine Prise Ingwer-, Zimt- und Vanillepulver
1 Sternanis
Etwas geriebene Orangen- und Zitronenschale
1 Schuss Orangensaft, vermischt mit 1 Schuss Cointreau oder Weißwein

Zubereitung: Äpfel schälen, vierteln und in Scheiben schneiden. Das Ghee in einer Pfanne erhitzen und das Zuckerrohrgranulat darin kurz karamellisieren.
Die Äpfel zufügen, die Gewürze darüber streuen, alles verrühren und mit der Orangensaftmischung ablöschen. Zugedeckt bissfest dünsten.

Tipp: Dieses rasch und einfach zubereitete Gericht eignet sich als leichte Nachspeise ebenso wie als Chutney, ist eine köstliche Füllung für Palatschinken und eine Beilage zu süßen Getreidespeisen.

Gewürzbirnen mit Weinschaum

Zutaten:

4 Birnen
250 ml Rot- oder Weißwein
4 Gewürznelken
1 Stück Zimtrinde
2 Kardamomkapseln (oder 6–8 Samen)
1 Stück Ingwerwurzel
1 Stück Zitronenschale
2 EL Zuckerrohrgranulat
2 Dotter
2 EL Honig

Zubereitung: Die Birnen schälen und vierteln. In Wein mit Gewürzen und Zuckerrohrgranulat weich dünsten. Auskühlen lassen und aus dem Saft heben.

Die Dotter mit dem Honig und dem Saft im Wasserbad zu einer schaumigen Creme aufschlagen.

Die Birnen in Portionsschälchen verteilen und mit der Creme begießen.

Marinierte Orangen mit Muskat

Zutaten:
- 4 Orangen
- 8 El Cointreau
- 125 ml Schlagobers
- 4 EL Creme fraiche
- 2 EL Orangenmarmelade
- Muskatnuss, frisch gerieben

Zubereitung: Die Orangen gründlich schälen und in Scheiben schneiden. In Cointreau 2 Stunden marinieren.
Das Obers steif schlagen, mit Creme fraiche und Orangenmarmelade mischen und ebenfalls zwei Stunden ins Gefrierfach stellen. Anschließend die Orangenscheiben auf Dessertteller verteilen, mit frisch geriebener Muskatnuss bestreuen. Die Creme darüber geben.

Tipp: Die marinierten Orangen schmecken auch ohne Sahnecreme hervorragend und sind erfrischend nach einer üppigen Mahlzeit.

Bratäpfel

Zutaten:

2 EL Rosinen
2 EL Rum
4 Äpfel
2 EL geriebene Haselnüsse
2 TL Agavensirup
½ TL Zimt, gemahlen
Butter für die Form
Etwas Wasser oder Apfelsaft
Butterflocken

Zubereitung: Rosinen in Rum einweichen.

Backrohr auf 200 °C vorheizen.

Das Kerngehäuse der Äpfel ausstechen. Nüsse, Honig, Zimt und abgeseihte Rosinen (den Rum für die Vanillecreme aufbewahren) mischen und in die Äpfel füllen. In eine gebutterte Form setzen, mit etwas Wasser oder Apfelsaft angießen, mit Butterflocken belegen und bei 200 °C backen, bis sie gar sind (wie lange das dauert, hängt von der Apfelsorte ab).

Mit Vanillecreme servieren.

Tipp: Die Äpfel können auch mit Preiselbeermarmelade gefüllt oder ohne Füllung gebraten werden. So sind sie für Kapha besser verträglich.

Schnelle Vanillecreme

Zutaten:
250 ml Vanille-Sojadessert
1 Prise Vanillepulver
Etwas Rum (nach Belieben)
125 ml Schlagobers

Zubereitung: Das Vanilledessert mit Vanille und eventuell mit Rum würzen. Das Obers steif schlagen und unterheben.

Dattelcreme

Zutaten:
200 g Datteln, halbiert und entsteint
1 Prise Kardamom, gemahlen
½ TL Zimtpulver
1 Prise Vanillepulver
250 ml Wasser
2 EL Reismehl
250 ml Schlagobers

Zubereitung: Die Datteln mit den Gewürzen in 250 ml Wasser weich kochen und anschließend pürieren. Das Reismehl mit etwas Wasser verrühren. Das Dattelpüree nochmals auf den Herd stellen und mit dem angerührten Reismehl vermischen. Kurz köcheln, dann vom Herd nehmen und abkühlen lassen. Das Obers steif schlagen und kurz vor dem Servieren unter das Püree heben.

Halwa mit Beerensauce

Zutaten:
½ Tasse Rosinen
1 Tasse Weizen- oder Dinkelgrieß, grob
4 EL Ghee
2 Tassen heißes Wasser
½ TL Ingwer, gemahlen
½ TL Kardamom, gemahlen
2 TL Zimt, gemahlen
4 EL Zuckerrohrgranulat
1 TL Rosenwasser (nach Belieben)
2 EL Mandeln, gehackt (oder Kokosflocken)

Zubereitung: Die Rosinen mit etwas heißem Wassers übergießen und ziehen lassen. In der Zwischenzeit den Grieß in Ghee goldbraun rösten.

Heißes Wasser, Gewürze, Zuckerrohrgranulat und Rosinen (mit dem Wasser) zufügen, kurz köcheln, dann ausquellen lassen. Rosenwasser unterrühren. In eine gefettete oder kalt ausgespülte Schale füllen und auskühlen lassen.

Mandeln oder Kokosflocken ohne Fett in einer Pfanne anrösten. Halwa stürzen und mit Mandeln oder Kokosflocken bestreuen. In Tortenstücke schneiden und mit Beerensauce servieren.

Hinweis: *Halwa* ist ursprünglich eine orientalische Süßigkeit aus Tahini, Butter, Zucker, Honig und Nüssen; im Allgemeinen wird es mit Rosenwasser und Safran aromatisiert.

Äpfel mit Streuseldecke

Zutaten:

1 kg Äpfel
2 EL Zuckerrohrgranulat
1 TL Zimt
½ TL Ingwer, gemahlen
Butter für die Auflaufform
125 ml Orangen- oder Apfelsaft

Für die Streusel:

100 g Butter
150 g Dinkel- oder Weizenvollkornmehl
1 TL Weinsteinbackpulver
75 g Mandeln, gerieben
100 g Zuckerrohrgranulat

Zubereitung: Backrohr auf 200 °C vorheizen. Äpfel schälen und blättrig schneiden. Mit Zuckerrohrgranulat, Zimt und Ingwer mischen und in eine gefettete Auflaufform schichten, Saft darüber gießen. Für die Streusel die Butter schmelzen. Mehl mit Backpulver, Mandeln und Zucker mischen. Butter darüber gießen und alles mit einer Gabel zu Krümeln verarbeiten. Streusel über die Äpfel verteilen und bei 200 °C ca. 30 Minuten backen.

Tipp: Äpfel mit Streuselkruste sind bei Groß und Klein beliebt. Sie eignen sich auch als zweiter Gang nach einer deftigen Suppe.

Gebratene Apfelringe

Zutaten:
2–3 Äpfel
2 EL Zitronensaft
1 El Agavensirup
2 EL Ghee
1 Prise Vanillepulver
1 Prise Gewürznelke, gemahlen

Zubereitung: Äpfel schälen, Kerngehäuse entfernen und in 1 cm dicke Scheiben schneiden. Zitronensaft und Sirup vermischen und die Äpfel damit beträufeln. Ghee mit Vanille und Nelken in einer Bratpfanne erwärmen und die Apfelscheiben 3–4 Minuten darin dünsten. Mit Vanillecreme servieren.

Tipp: Das Rezept eignet sich auch für reife Bananen.

Früchtecreme aus Trockenobst

Zutaten:
250 g Trockenobst (Zwetschken, Marillen, Feigen, etc.)
Etwas Apfelsaft
1 EL Zitronensaft
1 EL Rum oder Cognac (nach Belieben)
1 Prise Kardamom
1 Prise Nelkenpulver
125 g Schlagobers

Zubereitung: Die Trockenfrüchte mehrere Stunden in Wasser oder Apfelsaft einweichen.
Anschließend pürieren, mit Zitronensaft, Rum oder Cognac und Gewürzen abschmecken. Obers steif schlagen und vorsichtig unterheben.

◂ **Tipp:** Wenn Sie nicht genügend Zeit zum Einweichen haben, können Sie die Trockenfrüchte auch weich kochen und abkühlen lassen.

Quinoa-Bananencreme

Zutaten:

250 ml Wasser
50 g Quinoa
2–3 Bananen
1 Prise Kardamom, gemahlen
1 EL Butter
1 EL Honig
1 TL Zitronensaft
1–2 TL Rosenwasser
125 ml Schlagobers
1 Prise Vanillepulver
Bananenscheiben oder gehackte Nüsse zum Garnieren.

Zubereitung: Wasser mit Quinoa kurz kochen, dann quellen lassen. Bananen in Scheiben schneiden und mit dem Kardamom in der Butter weich dünsten. Abkühlen lassen.
Anschließend die Bananen pürieren und dabei mit Honig und Zitronensaft (und ev. Rosenwasser) vermischen.
Das Obers mit der Vanille steif schlagen, mit dem Bananenmus und dem Quinoa mischen. Mit Bananenscheiben oder gehackten Nüssen garniert servieren.

Hinweis: Als *Quinoa* bezeichnet man die Körner eines Gänsefußgewächses aus dem Andenland Südamerikas, die der Hirse ähnlich sehen. Um die sie umgebende, bittere Saponinschicht zu entfernen, sollten die Körner vor dem Kochen sehr gut gewaschen werden.

Dinkel-Früchtecreme

Zutaten:

100 g Dinkel
1 Zimtstange
1 Streifen Zitronenschale
250 ml Joghurt
250 g Früchte (z.B. Erdbeeren oder Bananen)
2 EL Honig
125 ml Schlagobers
Einige Früchte zum Garnieren
1 Prise Zimtpulver

Zubereitung: Den Dinkel über Nacht in Wasser einweichen. Am nächsten Tag (im Einweichwasser) mit Zimt und Zitronenschale weich kochen und abkühlen lassen.

Die Gewürze entfernen und den Dinkel im Mixer zusammen mit dem Joghurt und den Früchten pürieren. Mit Honig süßen, das Obers steif schlagen und unterheben.

Mit frischen Früchten belegt und einer Prise Zimtpulver bestreut servieren.

Fruchtsalat

Zutaten: 500 g Früchte nach Belieben, mundgerecht geschnitten

Für die Marinade:
125 ml Apfel-, Birnen- oder Orangensaft
1–2 EL Honig oder Agavensirup
½–1 TL frische Ingwerwurzel, fein gerieben
1 Prise Kardamom, gemahlen
1 Prise Vanillepulver

Zubereitung: Alle Zutaten der Marinade verrühren und mit den Früchten mischen. Gut durchziehen lassen.

Tipps: Vata-beruhigend sind süße Melonen, Beeren, frische Feigen und Datteln, Kirschen, Weintrauben, Mangos.
Pitta-beruhigend sind süße Äpfel, Marillen und Ananas, frische Feigen und Datteln, Birnen, Mangos, Pflaumen, Wassermelonen.
Kapha-beruhigend sind Marillen, Beeren, Birnen, Mangos, Kirschen, Rosinen, getrocknete Feigen.
Als exquisites Dessert servieren Sie den Fruchtsalat mit Dattelcreme oder Schlagobers.

Andas «Verdauungsjoghurt»

Zutaten:

200 g Trockenfrüchte (Rosinen, Zwetschken, Feigen, Datteln, gemischt oder einzeln)
1 Prise Kardamom, gemahlen
1 Prise Vanillepulver
1 Prise Ingwer, gerieben
1 Prise Zimt, gemahlen
Etwas heißes Wasser
500 g Joghurt

Zubereitung: Die Trockenfrüchte klein schneiden (die Rosinen nicht) und in eine Schüssel geben. Mit den Gewürzen bestreuen und mit etwas sehr heißem Wasser übergießen.
5–10 Minuten ziehen lassen. Zum Schluss mit dem Joghurt vermischen.

Tipp: Dieses Dessert stillt den Heißhunger auf Süßes.

Früchtereis

Zutaten:

500 ml Wasser
1 Stück Zimtrinde
1 Streifen Zitronenschale
150 g Rundkorn- oder Süßreis
250 ml Schlagobers
1 Pck. Vanillezucker
1 TL frischer Ingwer, gerieben
2 EL Honig
2 Tassen frisches Obst, geschnitten (Ananas, Kirschen, Mandarinen, Trauben)

Zubereitung: Wasser mit Zimt und Zitronenschale aufkochen. Den Reis einrühren, weich kochen, quellen und abkühlen lassen.

Das Obers steif schlagen und mit Vanillezucker, Ingwer und Honig würzen.

Mit den Früchten unter den Reis rühren.

Tipp: Statt Reis können auch Hirse (z.B. für Pitta-Konstitution) oder Buchweizen (z.B. für Kapha-Konstitution) verwendet und die Gewürze variiert werden.

KUCHEN UND KLEINGEBÄCK

Sie müssen, was die Zubereitung von Kuchen und Gebäck betrifft, nur etwas umdenken. Ausgemahlenes Weizenmehl und Haushaltszucker sind zwar tabu, das heißt aber noch lange nicht, dass Sie mit Hilfe der folgenden Rezepte keine Spitzenkreationen auf den heimischen Tisch zaubern können.

Karotten-Nuss-Kuchen

Zutaten:

5 Dotter
150 g Rohrohrzucker (ev. als Staubzucker)
2 EL Rum
1 TL Zimt
1 Prise Gewürznelke, gemahlen
50 g Dinkelmehl
½ Pck. Weinstein-Backpulver
250 g Haselnüsse, gerieben
250 g Karotten, fein gerieben
5 Eiweiß
Kokosraspel zum Bestreuen

Zubereitung: Die Dotter mit dem Zucker schaumig rühren, Rum und Gewürze dazugeben. Das Mehl mit dem Backpulver mischen und portionsweise unter die Dotter-Zucker-Masse rühren. Haselnüsse und Karotten mit dem Teig verrühren. Eiweiß zu festem Schnee schlagen und vorsichtig unterheben.
Das Backrohr auf 160 °C vorheizen. Ein Backblech mit Backpapier auslegen, die Teigmasse darauf streichen. Bei 160 °C etwa 30–40 Minuten backen. Nach Wunsch mit Kokosraspel bestreuen.

Sandis raffinierter Apfelkuchen

Für den Belag:
4–5 Äpfel
2 TL Zitronensaft
3 EL Rohrohrzucker
100 g Walnüsse oder weiße Mandeln
100 g Butter, geschmolzen
2–3 TL Zimt

Für den Teig:
200 g Dinkelmehl
½ Pck. Weinsteinbackpulver
5 Eier
100 g Rohrohrzucker
1 Pck. Vanillezucker oder 1 Msp. Naturvanille
1 TL geriebene Zitronenschalen

Zubereitung: Die Äpfel schälen und in ca. 1 ½ cm dicke Scheiben schneiden. In Zitronensaft wenden. Eine viereckige Form (ca. 25 x 35 cm) mit der geschmolzenen Butter bestreichen und mit Zucker ausstreuen. Die Form dicht mit den Apfelscheiben auslegen. Dazwischen die Nüsse oder Mandeln verteilen, alles mit Zimt bestreuen. Das Backrohr auf 180 °C vorheizen. Für den Teig das Mehl mit dem Backpulver vermischen. Die Eier mit dem Zucker sehr schaumig schlagen. Vanille und Zitronenschale zufügen. Zum Schluss das Mehl unterheben.
Die Masse auf den Äpfeln verteilen und ca. 40 Minuten backen. Abkühlen lassen. Noch in der Form in Stücke schneiden, diese mit der Unterseite nach oben auf Tellern anrichten. Mit Schlagobers servieren.

Obstkuchen

Für den Teig:
4 Dotter
4 Ei schwer Butter (Zimmertemperatur)
2 Ei schwer Zuckerrohrgranulat
Geriebene Zitronenschale
2 EL Rum
4 Ei schwer Dinkelmehl
½ Pck. Weinsteinbackpulver
4 Eiweiß

Für Belag 1:
750 g Marillen oder Zwetschken – entsteint und geachtelt

Für Belag 2:
750 g Äpfel, blättrig geschnitten und vermischt mit:
50 g Rosinen
2 EL Zuckerrohrgranulat
1 EL Zitronensaft
50 g Nüsse gehackt
2 TL Zimt, gemahlen
Etwas zerlassene Butter zum Beträufeln

Zum Bestreuen:
2 EL Zuckerrohrgranulat
4 EL gehackte Mandeln oder Nüsse

Zubereitung: Dotter mit Butter und Zucker schaumig rühren, die Zitronenschale und den Rum hinzufügen. Eiweiß zu festem Schnee schlagen und vorsichtig unterheben.
Das Backrohr auf 160 °C vorheizen.
Ein Backblech mit Backpapier auslegen, die Teigmasse darauf streichen. Mit Belag 1 oder 2 belegen, Mandeln und Zuckerrohrgranulat darüberstreuen. Bei 160 °C etwa 40 Minuten backen.

Griechischer Nusskuchen

Für den Teig:

200 g Butter
6 Dotter
100 g Rohrohrzucker (ev. als Staubzucker)
3 TL Zimt
¼ TL Gewürznelke, gemahlen
300 g geriebene Nüsse (Wal- oder Haselnüsse)
200 g Dinkel- oder Weizenmehl
2 TL Weinstein-Backpulver
125 ml Milch
6 Eiweiß
Butter für die Kuchenform

Für den Sirup:

500 ml Wasser
1 Streifen Zitronenschale
1 Stück Zimtrinde
3 Gewürznelken
Saft von 1 Zitrone
100 g Honig
1 Schuss Cognac (nach Belieben)

Zubereitung: Das Backrohr auf 160°C vorheizen. Butter, Dotter und Zucker schaumig rühren, Zimt, Nelkenpulver und Nüsse hinzufügen. Das Mehl mit dem Backpulver vermischen und abwechselnd mit der Milch unter die Masse rühren. Die Eiweiß zu festem Schnee schlagen und vorsichtig unterheben. In eine viereckige, gebutterte Form streichen und bei 160°C ca. 40 Minuten hellbraun backen. Für den Sirup Wasser und Gewürze etwa 15 Minuten köcheln lassen, vom Herd nehmen und die Gewürze entfernen. Mit Zitronensaft, Honig und Cognac verrühren. Den lauwarmen Kuchen mit einer Gabel mehrmals einstechen, mit dem warmen Sirup übergießen und einige Stunden ziehen lassen. Mit Schlagobers servieren.

Dinkel-Grießkuchen

Für den Teig:

200 g Butter (Zimmertemperatur)
5 Dotter
100 g Rohrohrzucker (ev. als Staubzucker)
½ TL Vanillepulver
2 TL Zitronenschale, gerieben
150 g Dinkelmehl
3 TL Weinsteinbackpulver
1 EL Zimt
100 g Walnüsse, Haselnüsse oder Mandeln, gerieben
300 g Dinkelgrieß, grob
375 ml Milch
5 Eiweiß
Butter für die Kuchenform

Für den Sirup:

500 ml Wasser
1 Stück Zimtrinde
4 Gewürznelken
1 Streifen Zitronenschale
100 g Honig
Saft einer Zitrone

Zubereitung: Backrohr auf 180 °C vorheizen.

Butter mit Dottern, Zucker, Vanille und Zitronenschale schaumig rühren. Das Mehl mit dem Backpulver und dem Zimt mischen. Mehl, Nüsse und Grieß abwechselnd mit der Milch in die Masse einrühren.

Eiweiß zu festem Schnee schlagen und vorsichtig unterheben.

Eine viereckige Backform buttern, die Teigmasse hineingießen und ca. 40 Minuten backen.

Für den Sirup Wasser, Gewürze und Zitronenschale 10 Minuten köcheln und etwas nachziehen lassen. Mit Honig und

Zitronensaft verrühren. Die Gewürze entfernen. Den Kuchen aus dem Backrohr nehmen, mit einer Gabel mehrmals einstechen und mit dem Sirup gleichmäßig übergießen. In das noch heiße, aber schon ausgeschaltete Backrohr schieben, bis die Flüssigkeit aufgesogen ist.

Tipp: Der Kuchen schmeckt besonders gut, wenn er noch lauwarm serviert wird. Dazu passt geschlagenes Obers.

Dinkel-Zitronenkuchen

Zutaten:

- 250 g Butter
- 150 ml Agavensirup
- Geriebene Schale von 2 Zitronen
- 3 Eier
- 250 g Dinkelmehl
- ½ Pck. Weinstein-Backpulver
- Etwas Butter für die Kuchenform
- Saft von 2 Zitronen
- 300 g Honig

Zubereitung: Die Butter in einem Topf bei geringer Hitze schmelzen, den Agavensirup einrühren, die geriebene Zitronenschale und die Eier mit der lauwarmen Flüssigkeit mischen.
Das Mehl mit dem Backpulver vermischen und ebenfalls in die Flüssigkeit rühren. In eine gebutterte Form gießen und bei 160 °C ca. 30 Minuten backen.
Den noch etwas warmen Kuchen mehrmals mit einer Gabel anstechen. Den Zitronensaft mit dem Honig verrühren und über den Kuchen gießen. Einige Stunden ziehen lassen.

Granola

Zutaten:

125 ml mildes Oliven-, Sesam- oder Distelöl
200 g Honig oder Rohrohrzucker (als Staubzucker)
1 kg Haferflocken
200 g Haselnüsse, grob gehackt

Zubereitung: Öl und Honig (bzw. Zucker, der sich vollständig auflösen muss) verrühren. Mit den Haferflocken und den Nüssen vermischen. Die Flockenmasse auf einem Backblech (ev. mit Backpapier ausgelegt) verteilen. Im Backrohr bei 160 °C etwa 30 Minuten backen. Dabei mehrmals wenden. Die Flocken sind fertig, wenn sie sich hellbraun gefärbt haben.
Auskühlen lassen und in dicht verschließbare Dosen oder Gläser füllen.

Tipp: Mit Milch oder Joghurt ist Granola ein köstliches Frühstück, es eignet sich aber auch zum Knabbern für zwischendurch.

Schokoladentorte

Für den Teig:	150 g Bitterschokolade 6 Dotter 150 g Butter 100 g Zuckerrohrgranulat 6 Eiweiß 150 g Dinkelmehl 2 TL Weinstein-Backpulver Butter für die Kuchenform
Für die Füllung:	Marillen- oder Ribiselmarmelade, passiert
Für die Glasur:	100 g Bitterschokolade 2 EL Vollwert-Staubzucker 4–6 EL kaltes Wasser

Zubereitung: Für den Teig die Schokolade im Wasserbad schmelzen. Dotter, Butter und Zucker schaumig rühren, die geschmolzene Schokolade hinzufügen.

Backrohr auf 160 °C vorheizen.

Eiweiß zu festem Schnee schlagen. Das Mehl mit dem Backpulver vermengen und abwechselnd mit dem Eischnee unter die Schokoladenmasse heben.

Den Teig in eine gefettete, mit Mehl ausgestreute Tortenform (24 cm Durchmesser) streichen und bei 160 °C etwa 45 Minuten backen. Auskühlen lassen.

Den Tortenboden anschließend einmal durchschneiden. Den unteren Tortenboden mit Marillen- oder Ribiselmarmelade bestreichen. Den oberen Boden darauf legen, fest andrücken. Die Tortenoberfläche ebenfalls mit Marmelade bestreichen.

Für die Glasur alle Zutaten in einem kleinen Topf bei geringer Hitze schmelzen lassen und die Torte damit überziehen.

Mohntorte

Zutaten:

140 g Butter
5 Dotter
170 g Zuckerrohrgranulat
1 TL Zimt
1 Prise Vanillepulver
1 TL geriebene Zitronenschale
70 g Mandeln, gerieben
5 Eiweiß
200 g Mohn, gerieben
Etwas Butter und Mehl für die Tortenform
Geriebene Mandeln zum Bestreuen oder Johannisbeermarmelade und Mandelblättchen

Zubereitung: Butter, Dotter, Zucker und Gewürze schaumig rühren. Mit den geriebenen Mandeln vermischen.

Backrohr auf 160 °C vorheizen.

Eiweiß zu festem Schnee schlagen und abwechselnd mit dem Mohn unterheben. Eine Tortenform (24 cm Durchmesser) fetten und mit Mehl ausstreuen, die Masse hineinstreichen.

Bei 160 °C etwa 35 Minuten backen. Die Torte sofort nach dem Backen aus der Form nehmen und entweder noch heiß mit Mandeln bestreuen.Oder die Torte etwas abkühlen lassen, die Oberseite mit Johannisbeermarmelade bestreichen und mit gehobelten Mandeln bestreuen.

Biskuit-Grundrezept

Zutaten:

3 Eiweiß
1 Prise Salz
6 EL heißes Wasser
50 g Zuckerrohrgranulat
3 Eigelb
½ TL Vanille
120 g Weizen- oder Dinkelmehl
½ TL Weinstein-Backpulver

Zubereitung: Eiweiß mit Salz und heißem Wasser zu steifem Schnee schlagen, nach und nach Zucker, Eigelb und Vanille unterrühren, nochmals 2 Minuten schlagen. Das mit Backpulver vermischte Mehl vorsichtig unterrühren. Etwa 2cm hoch in eine rechteckige, mit Backpapier ausgelegte Form streichen. 25–30 Minuten bei 160 °C backen. 3–4 Minuten im abgeschalteten Rohr stehen lassen.

5 Minuten in der Form abkühlen lassen, auf ein Kuchengitter stürzen, das Backpapier abziehen und auskühlen lassen.

Blitzbiskuit mit Marmelade

Zutaten:
- Biskuit nach Grundrezept (siehe Seite 289)
- Marmelade (Marille, Himbeere, Johannisbeere, Rose)
- 100 ml Fruchtsaft (Geschmack nach Belieben)
- Kokosflocken oder geriebene Nüsse zum Bestreuen

Zubereitung: Biskuit in 2 Teile schneiden, einen Teil mit Marmelade bestreichen. Wer gerne saftige Kuchen mag, kann das Biskuit mit der Hälfte des Fruchtsafts beträufeln. Die zweite Biskuitplatte darauf legen, mit dem restlichen Fruchtsaft beträufeln und mit Marmelade bestreichen. Mit Kokosflocken oder geriebenen Nüssen bestreuen.

Beerenbiskuit

Zutaten:
- Biskuit nach Grundrezept (siehe Seite 289)

Für den Belag:
- Marmelade zum Bestreichen
- 300 g frische oder TK-Beeren
- 1 Pck. Tortengelee (pflanzlich)
- 100 ml Fruchtsaft
- 2–4 EL Zuckerrohrgranulat

Zubereitung: Den Biskuitboden mit Marmelade bestreichen, mit den Beeren belegen. Tortengelee mit Obstsaft und Zuckerrohrgranulat nach Packungsanweisung zubereiten und über die Beeren gießen.

Tipp: TK-Beeren nur so kurz antauen, bis sich die Früchte voneinander trennen. Nicht auftauen, sonst verlieren sie zu viel Saft und werden matschig!

Biskuit-Dessert mit Quark-Vanillecreme

Zutaten:

½ Biskuit nach Grundrezept (siehe Seite 289)
Obstsaft oder Cointreau zum Beträufeln
½ Rezept Topfen-Vanillecreme (siehe Seite 262)
Nach Belieben Obstsaft oder Cointreau zum Beträufeln
Vanillepulver

Zubereitung: Biskuit in Rauten schneiden, mit Saft oder Cointreau beträufeln. Mit Topfencreme bestreichen, mit einer Prise Vanillepulver bestreuen. Gleich servieren.

Haferplätzchen

Zutaten:

150 g Butter
100 g Zuckerrohrgranulat
1 Prise Gewürznelke, gemahlen
1 Prise Ingwer, gemahlen
1 Prise Vanillepulver
2 TL Zimt, gemahlen
1 Prise Salz
1 Ei
150 g Dinkelmehl
1 TL Weinsteinpackpulver
200 g Haferflocken, grob
50 g Sonnenblumenkerne
100 g Rosinen
Wasser nach Bedarf

Zubereitung: Die Butter mit dem Zucker in einem Topf schmelzen, etwas abkühlen lassen, Gewürze und Ei zufügen. Das Mehl mit dem Backpulver und den Haferflocken vermischen und mit den Sonnenblumenkernen und den Rosinen zur Buttermasse geben.

Den Teig gut durchkneten; wenn er zu fest ist, etwas Wasser dazugießen. Den Teig eine Stunde ruhen lassen. Ein Backblech mit Backpapier auslegen. Mit nassen Händen kleine Plätzchen formen und auf das Blech setzen. Bei 160 °C etwa 25 Minuten backen.

Früchtekugeln

Zutaten:

250 g gemischte Trockenfrüchte (Marillen, Zwetschken, Feigen, Datteln, Rosinen)
1 Prise Kardamom, gemahlen
1 Prise Nelkenpulver
1 Prise Zimt
1 EL Rum
100 g Wal- oder Haselnüsse, gerieben
Kokosflocken

Zubereitung: Die Trockenfrüchte über Dampf oder in ganz wenig Wasser weich garen. Abkühlen lassen und die Flüssigkeit abgießen. Anschließend im Mixer pürieren, dabei Gewürze, Rum und Nüsse hinzufügen. Mit nassen Händen kleine Kugeln formen und in Kokosflocken wälzen.

Tipp: Verschlossen und kühl aufbewahrt, halten Früchtekugeln ein bis zwei Wochen und eignen sich gut als Zwischenverpflegung.

WOCHENSPEISEPLÄNE

Bitte lassen Sie sich von der Fülle der folgenden Wochenspeisepläne nicht erschrecken! Sie bieten Vorschläge für mögliche Zusammenstellungen, sind aber keineswegs eine verbindliche Vorlage, die Sie im Gesamten nachkochen müssen.

Allgemeiner Wochenplan:

Schwerpunkt Gemüse

	Morgens	Mittags	Dessert oder Zwischenmahlzeit	Abends
Montag	Siehe Speisepläne für Vata, Pitta und Kapha (S. 50 f., 52 f., 54 f.)	Rote Linsen Dhal Kochdinkel Möhren-Bananen-Gemüse (K) Gurken-Raita (V,K) Sellerie Rohkost	Quark-Vanillecreme (K)	Süßer Grießauflauf Fruchtsauce aus gedörrten Aprikosen (K)
Dienstag		Kartoffelsuppe Hirsotto mit Erbsen und Algen Kürbispüree Salat aus Roten Rüben	Gewürzbirnen mit Weinschaum	Gerste-Joghurt-Suppe
Mittwoch		Karfiolcremesuppe Gefüllte Paprika Südliche Tomatensauce (P) Rettichsalat (V,P) Blattsalat mit Dressing mit Provencekräutern	Andas Verdauungsjoghurt (K)	Zwiebelsuppe (V) Sandis raffinierter Apfelkuchen (K)

	Morgens	Mittags	Dessert oder Zwischenmahlzeit	Abends
Donnerstag	Siehe Speisepläne für Vata, Pitta und Kapha (S. 50 f., 52 f., 54 f.)	Lauchcremesuppe (V) Grünkernklöße Dillsauce (K) Rotkraut-Apfel-Salat	Erdbeermousse (nicht geeist)	Borschtsch
Freitag		Kalte Zucchini-cremesuppe (K) Hafer auf Gemüsebett Feldsalat mit Nussmusdressing	Bananen gebraten (K)	Sesamkartoffel Überbackenes Joghurtgemüse
Samstag		Blattsalat mit Austernpilzen Zwiebelkuchen Kräuter-Joghurt-Sauce	Fruchtsalat	Lauch-Reis
Sonntag		Feine Tomaten-cremesuppe (P) Sechskornlaibchen «orientalisch» Linsensalat (V) Gemischter Salat	Hirse mit Früchten (K)	Spinat mit Mozzarella

(V) – bei Vata-Dominanz weglassen
(P) – bei Pitta-Dominanz weglassen
(K) – bei Kapha-Dominanz weglassen

Allgemeiner Wochenplan:
Schwerpunkt Getreide

	Morgens	Mittags	Dessert oder Zwischenmahlzeit	Abends
Montag	Siehe Speisepläne für Vata, Pitta und Kapha (S. 50 f., 52 f., 54 f.)	Rote Linsen Dhal Kochdinkel Möhren-Bananen-Gemüse (K) Gurken-Raita (V,K) Sellerie Rohkost	Quark-Vanillecreme (K)	Süßer Grießauflauf Fruchtsauce aus gedörrten Aprikosen (K)
Dienstag		Kartoffelsuppe Hirsotto mit Erbsen und Algen Kürbispüree Salat aus Roten Rüben	Gewürzbirnen mit Weinschaum	Gerste-Joghurt-Suppe
Mittwoch		Karfiolcremesuppe Gefüllte Paprika Südliche Tomatensauce (P) Rettichsalat (V,P) Blattsalat mit Dressing mit Provencekräutern	Andas Verdauungs-joghurt (K)	Zwiebelsuppe (V) Sandis raffinierter Apfelkuchen (K)
Donnerstag		Lauchcremesuppe (V) Grünkernklöße Dillsauce (K) Rotkraut-Apfel-Salat	Erdbeermousse (nicht geeist)	Borschtsch
Freitag		Kalte Zucchini-cremesuppe (K) Hafer auf Gemüsebett Feldsalat mit Nussmusdressing	Bananen gebraten (K)	Sesamkartoffel Überbackenes Joghurtgemüse

	Morgens	Mittags	Dessert oder Zwischenmahlzeit	Abends
Samstag	Siehe Speisepläne für Vata, Pitta und Kapha (S. 50 f., 52 f., 54 f.)	Blattsalat mit Austernpilzen Zwiebelkuchen Kräuter-Joghurt-Sauce	Fruchtsalat	Lauch-Reis
Sonntag		Feine Tomaten-cremesuppe (P) Sechskornlaibchen «orientalisch» Linsensalat (V) Gemischter Salat	Hirse mit Früchten (K)	Spinat mit Mozzarella

(V) – bei Vata-Dominanz weglassen
(P) – bei Pitta-Dominanz weglassen
(K) – bei Kapha-Dominanz weglassen

Wochenspeiseplan bei Vata-Konstitution

	Frühstück (wärmend, nahrhaft, leicht verdaulich)	Mittags	Dessert oder Zwischenmahlzeit (nicht täglich)	Abends
Montag	Heißes Ingwerwasser, Dinkelbrei, Porridge oder Miso- Gemüsesuppe Auswahl nach Gusto, dazu warmer Kräutertee oder Getreidekaffee	Tofu-Gemüselaibchen mit Möhrenschaum	Vata-Lassi	Zitronen-Reissuppe
Dienstag		Möhren-Orangensalat Mungdhal mit Thermo-Dinkelgrütze	Schnelle Vanillecreme	Kürbis mit Ingwer und Safran Basmatireis weiß
Mittwoch		Selleriegemüse in Ei-Zitronensauce Bulgur	Früchtecreme aus Trockenobst	Pastinakencremesuppe
Donnerstag		Gemüsecremesuppe Sauerkrautsalat Delikate Grießklöße Kapernsauce	Apfelringe gebraten	Tofuklöße mit Püree aus gelben Rüben
Freitag		Zucchinisalat mit Joghurtdressing Süßer Weizenauflauf Apfel-Sauce mit Ingwer	Safrangetränk	Miso-Gemüsesuppe
Samstag		Brokkolicremesuppe Möhrenplätzchen Joghurtsauce «orientalisch»	Dattelcreme	Tomaten-Orangensuppe Halvah mit warmer Vanillesauce
Sonntag		Spalterbsen-Dhal Basmatireis weiß Möhren in pikanter Marinade Aprikosen-Chutney Avocado-Creme	Dinkel-Zitronenkuchen	Mascarpone-Kartoffelgemüse

Wochenspeiseplan bei Pitta-Konstitution

<table>
<tr><th></th><th>Frühstück (Eiweißhältig, kräftig)</th><th>Mittags</th><th>Dessert oder Zwischenmahlzeit</th><th>Abends</th></tr>
<tr><td>Montag</td><td rowspan="7">Granola mit Milch, Reis- oder Sojadrink, Tofu-Gemüselaibchen, Hirsebrei, Tofu-Karottencreme mit Brot Auswahl nach Gusto, dazu leicht bittere Kräutertees oder Getreidekaffee</td><td>Spargelcremesuppe
Hirsotto mit Algen
Rote Rüben-Rohkost</td><td>Quinoa-Bananencreme</td><td>Borschtsch
Bratäpfel</td></tr>
<tr><td>Dienstag</td><td>Weißkrautsalat
Dinkel-Karotten-Auflauf
Champignonsauce</td><td>Schoko-Mintcreme</td><td>Vogerlsalat mit Champignons
Grüne Nudeln mit Radicchio</td></tr>
<tr><td>Mittwoch</td><td>Möhren-Rohkost
Kartoffelsalat
Weizengluten-Schnitzerl
Joghurt-Curry-Sauce</td><td>Fruchtsalat</td><td>Brokkoli mit Kokoscreme
Kochdinkel</td></tr>
<tr><td>Donnerstag</td><td>Krauttopf mit Bulgur
Süsser Buchweizenauflauf
Fruchtsauce aus Dörrobst</td><td>Pitta-Lassi</td><td>Brokkoliquiche
Chicoree mit Dressing mit Pinienkernen</td></tr>
<tr><td>Freitag</td><td>Bittere Blattsalate mit Sesam-Obers-Dressing
Zucchinischiffchen
Roter Rüben Salat</td><td>Topfen-Vanille-Creme</td><td>Gedünstete Gurken in Käsecreme
Polenta</td></tr>
<tr><td>Samstag</td><td>Griechische Bohnensuppe</td><td>Äpfel mit Streuselkruste</td><td>Rohkost mit Standard-Dressing
Gerste-Käse Plätzchen</td></tr>
<tr><td>Sonntag</td><td>Chinakohlcocktail
Mungdhal
Basmati Vollreis
Kokos-Raita
Bananen-Raita</td><td>Möhren-Nuss-Kuchen</td><td>Sesamkartoffel
Buntes Paprikagemüse</td></tr>
</table>

Wochenspeiseplan bei Kapha-Konstitution

	Morgens (wenig, eventuell reicht warme Flüssigkeit)	Mittags	Dessert oder Zwischenmahlzeit (nicht täglich!)	Abends
Montag	Heisses Ingwerwasser Granola trocken oder mit heissem Wasser Pikante Miso-Gemüsesuppe Auswahl nach Gusto, dazu anregende Kräutertees	Karfiol-Sellerie-Cocktail Gebratener Curry-Tofu	Feigen in Rotwein	Selleriecreme-suppe
Dienstag		Bittere Blattsalate mit italienischem Dressing Savilis Karotten-Gemüsegratin	Haferplätzchen	Asiatische Nudelsuppe
Mittwoch		Möhrenrohkost mit Italienischem Dressing Gebackene Maisschnitten Feuerlinsen-Sauce	Gewürzbirnen in Weinschaum	Spinatreis
Donnerstag		Wirsingsuppe mit grünem Pfeffer Süßer Hirseauflauf mit Marillen	Früchtekugel	Blattsalat mit rotem Paprika
Freitag		Gemischter Salat Dinkel-Käse-Curry-Laibchen	Kapha-Lassi	Braune Linsensuppe
Samstag		Rotkohl-Apfelslat Pikanter Mandelreis mit Rosinen	Himbeersülzchen	Spaghetti mit Gemüsesugo
Sonntag		Kohlrabi-Radieschen-Salat Rote Linsen-Dhal Buchweizen Apfel-Chutney Petersilien-Raita	Karamelisierte Gewürzäpfel	Überbackener Kürbis

Die Autorinnen – Wer sie sind und was sie tun

Die «Kräuterdrogerie» – ist eine seit 1793 bestehende «Dürrkräutlerei», eine Drogenhandlung, in der schon unter Kaiser Franz I. diverse Kräuter und Gewürze unters Volk gebracht wurden, um es zu kurieren. Heute gibt es in der Kräuterdrogerie nicht nur getrocknete Heilkräuter, Wurzeln und allerlei daraus Gebrautes, sondern auch eine gut bestückte Abteilung mit gesunden, qualitativ hochwertigen Nahrungsmitteln und – mittlerweile seit 14 Jahren – einen vollwertig-vegetarischen Imbiss (der nicht nur mit seinen Wohlgerüchen den achten Wiener Gemeindebezirk verwöhnt).

Einen speziellen Bereich stellt das Angebot ayurvedischer Spezialitäten dar, die von Birgit Heyn und Anda Dinhopl entwickelt werden. Kräutertees, Gewürzmischungen und eine biologische, qualitativ hochwertige Kosmetik mit Massageölen füllen die Regale und finden regen Anklang. Die Besonderheit dieser Produkte liegt darin, dass die verwendeten Inhaltsstoffe mitteleuropäischen Bedürfnissen entsprechen und auch von sehr sensiblen Frauen und Männern ausgezeichnet vertragen werden.

Birgit Heyn gab den Anstoß für dieses Buch. 1983 hat sie die Kräuterdrogerie übernommen und sie seither zu einem Zentrum für gesunde Lebensführung ausgebaut.

Nach ihrem Pharmaziestudium hatte sie zunächst Indonesien bereist und an der Hindu-Universität von Benares die Grundzüge des Ayurveda studiert.

Aus diesen Erfahrungen heraus entstand eines der ersten Bücher über Ayurveda im deutschsprachigen Raum: «Ayurveda – Die sanfte Kraft der indischen Naturheilkunde.»

Wieder zurück in Wien, begann Birgit Heyn damit, das System des Ayurveda und dessen großartige Möglichkeiten für unsere Gesundheit mit ihrem «westlichen» Wissen über Arzneien und Heilkräuter zu verbinden. Durch den Umgang mit vielen Menschen und im Erfahrungsaustausch mit Kunden rückte ein Schwerpunkt immer mehr in den Vordergrund: die tägliche Praxis – also die Umsetzbarkeit einer gesunden Lebensführung in den Alltag jedes Einzelnen. Weil die Ernährung die wichtigste Basis für unseren Organismus darstellt, kann man auf diesem Gebiet am besten und konstantesten Gesundheit und Wohlbefinden unterstützen.

Mag. Marlene Warelopoulos hat nach ihrem Textildesign-Studium mit viel Einsatz und Kreativität aus der Ausgabe von ein paar täglichen Essen für Stammkunden einen vegetarischen Imbiss aufgebaut, der seinesgleichen sucht.

Ihre Liebe zum Kochen, ihr Interesse an gesunder, vollwertiger Ernährung haben den Schatz an Rezepten entstehen lassen, den wir in diesem Buch zusammengefasst haben.

Weil sie eine Frau der Praxis ist, sind diese Rezepte von vielen guten Tipps begleitet, die die gesunde Küche wohlschmeckend, bezahlbar und damit erst für den Alltag tauglich machen.

Anda Dinhopl ist die Autorin der Kapitel über Ayurveda und hat die Rezepte überarbeitet.

Nach ihrer Ausbildung zur Werbeassistentin, ihrer Arbeit in einem Videostudio und einigen Semestern Studium der Geschichte und Theaterwissenschaften hat sie sich für einen Platz in der Küche der Kräuterdrogerie entschieden, wo sie ihre Freude an gesundem Kochen (und Essen) ausleben konnte.

Seit 1981 ist sie Drogistin und hält gemeinsam mit Birgit Heyn und Marlene Warelopoulos Kurse über Ayurveda, Heilkräuter und ätherische Öle. Im Frühjahr 1999 ist von ihr ein Buch mit dem Titel «Frauenkräuter» erschienen.

Die Kräuterdrogerie
Kochgasse 34
A-1080 Wien
Tel. 43 - 1 - 405 45 22
Fax 43 - 1 - 409 17 27
dinhopl@kraeuterdrogerie.at
www.kraeuterdrogerie.at

ALPHABETISCHES REZEPTREGISTER

SACHREGISTER